VERDADEIRA PIZZA CASEIRA

100 RECEITAS SABOROSAS PARA DOMINAR PIZZA ITALIANA E MODERNA

AURELIANO TERRONEZ

Todos os direitos reservados.

Isenção de responsabilidade

As informações contidas neste eBook destinam-se a servir como uma coleção abrangente de estratégias sobre as quais o autor deste eBook pesquisou. Resumos, estratégias, dicas e truques são apenas recomendações do autor, e a leitura deste e-book não garante que os resultados de uma pessoa reflitam exatamente os resultados do autor. O autor do eBook fez todos os esforços razoáveis para fornecer informações atuais e precisas aos leitores do eBook. O autor e seus associados não serão responsabilizados por quaisquer erros ou omissões não intencionais que possam ser encontrados. O material do eBook pode incluir informações de terceiros. Os materiais de terceiros são compostos por opiniões expressas por seus proprietários. Como tal, o autor do eBook não assume responsabilidade ou obrigação por qualquer material ou opinião de terceiros.

O eBook é copyright © 2022 com todos os direitos reservados. É ilegal redistribuir, copiar ou criar trabalhos derivados deste e-book no todo ou em parte. Nenhuma parte deste relatório pode ser reproduzida ou retransmitida em qualquer forma reproduzida ou retransmitida em qualquer forma sem a permissão por escrito expressa e assinada do autor.

ÍNDICE

ÍNDICE 4
INTRODUÇÃO 8
    O QUE É UMA PIZZA? 9
    CATEGORIZANDO PIZZAS 10
RECEITAS DE PIZZA 12
    1. PIZZA DE FRANGO ASSADO 13
    2. PIZZA DE CARNE E COGUMELOS 17
    3. PIZZA DE BRÓCOLIS E QUEIJO 23
    4. PIZZA DE BRÓCOLIS E MOLHO DE TOMATE 27
    5. PIZZA DE QUEIJO COM FRANGO 32
    6. PIZZA DE ACELGA E QUEIJO AZUL 36
    7. PIZZA DE CHOURIÇO E PIMENTA VERMELHA 40
    8. PIZZA DELICATA DE ABÓBORA E ACELGA 44
    9. PIZZA CONFITADA DE PATO 49
    10. PIZZA DE ALMÔNDEGA 53
    11. PIZZA MEXICANA DE CAMARÃO 58
    12. PIZZA DE NACHO 62
    13. PIZZA DE ERVILHAS E CENOURAS 66
    14. PIZZA FILADÉLFIA 70
    15. PIZZA POLINÉSIA 74
    16. PIZZA DE EMPADÃO 78
    17. PIZZA DE BATATA, CEBOLA E CHUTNEY 83
    18. PIZZA DE PRESUNTO E RÚCULA 87
    19. REUBEN PIZZA 91
    20. PIZZA DE RAÍZES ASSADAS 95
    21. PIZZA DE SALSICHA E MAÇÃ 100
    22. PIZZA SHITAKE 104
    23. PIZZA DE ESPINAFRE E RICOTA 108

24. Pizza de salada de rúcula 112
25. Pizza Abacate 'N Everything 115
26. Pizza de frango de churrasco 118
27. Pizza de morango para churrasco 121
28. Pizza profunda de brócolis 123
29. Tortas de pizza de frango com búfala 128
30. Pizza Califórnia 131
31. Pizza de Cebola Caramelizada 135
32. Calzone de Queijo 138
33. Pizza de Amêndoa e Cereja 141
34. Pizza estilo Chicago 144
35. Pizza profunda 148
36. pizza holandesa de forno 152
37. Cones de pizza de salada de ovo 155
38. Pizza de figo, taleggio e radicchio 158
39. Pizza de manteiga de amendoim congelada 162
40. Super pizza grelhada 165
41. Pizza Grelhada 167
42. Pizza branca grelhada com Soppressata 171
43. Pizza de Legumes Grelhados 176
44. Pizza de mussarela, rúcula e limão 179
45. Pizza Mexicana 183
46. Pãozinhos de pizza 187
47. Pizza Muffuleta 189
48. Pan pizza 192
49. Pimenta Pimenta Calabresa 197
50. pesto Pizza 200
51. Pizza Filadélfia 203
52. Pizza pita com azeitonas verdes 206
53. Hambúrgueres de pizza 210
54. Pizza de lancheira 212
55. Deleite frutado gelado 214
56. Pizza defumada 216
59. Pizza Artesanal 222

60. Fatia de piza de pepperoni 224
61. Pizza de atum 226
62. Frango com sabor de pizza 228
63. Pizza de café da manhã 231
64. Pizza fresca do jardim 234
65. Cascas de pizza 237
66. Pizza de frigideira quente italiana 240
67. Pizza estilo Nova Orleans 243
68. Pizza de quinta à noite 246
69. Pizza vegetariana mista 250
70. Pizza de hambúrguer 252
71. Creme de Pizza 255
72. Pizza Roma Fontina 259
73. Pizza picante de frango com espinafre 261
74. Pizza para a Páscoa 267
75. Pizza Super Bowl 271
76. Pizza de pão sírio 275
77. Pizza da madrugada 278
78. Pizza da estrada 281
79. Pizzas para crianças 283
80. Pizza estilo Pensilvânia 286
81. Pizza de leitelho 289
82. Pizza Worcestershire 292
83. Pizza de carne de churrasco 295
84. Pizza Rigatoni 297
85. Pizza estilo mexicano 299
86. Pizza mediterrânea 303
87. Todas as pizzas de pimentão e cebola 306
88. Amo pizza 309
89. Pizza de Tofu de Batata 312
90. Pizza Grega 316
91. Salada de pizza 319
92. Pizza de sobremesa 323
93. Minipizzas de piquenique 326

94. Pizza de nozes tropicais 329
95. Pizza de frango com morango 331
96. Pizza doce e salgada 333
97. Pizza outonal de Dijon 337
98. Pizza amanteigada de gorgonzola 340
99. Pizza de Uva Rúcula 342
100. Pizza estilo francês 345

CONCLUSÃO 347

INTRODUÇÃO

O que é uma Pizza?

A pizza é uma torta plana e aberta de origem italiana, consistindo de uma crosta parecida com pão coberta com molho de tomate temperado e queijo, muitas vezes guarnecida com carnes e legumes saborosos.

Tradicionalmente, a pizza é classificada por espessura, forma e plataforma de montagem.

Categorizando Pizzas

A. Espessura da crosta

A pizza vem nas versões de massa fina, média e grossa. A quantidade de massa é o principal fator que afeta a espessura da crosta. No entanto, a quantidade de aumento também desempenha um papel. A massa que é crescida ou crescida demais, ou então é achatada antes de assar, tende a produzir uma crosta mais fina do que aquela que pode crescer (ou prova) para um nível ideal após a rolagem e antes de assar.

B. Forma

As pizzas também são classificadas por forma - ou seja, redondas e retangulares. A pizza feita em uma assadeira retangular às vezes é chamada de pizza de "padaria italiana" - o lugar onde se originou. No entanto, o formato redondo é o mais comum nas pizzarias, provavelmente por ser o mais fácil de fazer.

Há também formas especiais, como a pizza em forma de coração, que é uma das favoritas do dia dos namorados.

C. conjunto

As pizzas também são classificadas de acordo com a plataforma em que são montadas. Basicamente, existem três: pan, screen e peel (ou paddle) - conhecidos como pan pizza, screen pizza e pizza assada na lareira, respectivamente. A pizza de panela também é chamada de pizza de prato fundo e pizza de frigideira. Pizzas de massa mais grossa tendem a ser feitas em uma panela, enquanto as mais finas geralmente são montadas em uma tela ou casca. Quando feita com casca, uma pizza é assada diretamente na lareira ou no convés do forno. Uma variação da pizza assada na lareira envolve fazer e assar a pizza em papel tratado com silicone que não queima.

RECEITAS DE PIZZA

1. Pizza de frango assado

Ingrediente

- Farinha de uso geral para a casca da pizza ou spray antiaderente f
- 1 massa caseira
- 6 colheres de sopa de molho barbecue (use qualquer variedade de sua preferência, quente a suave)
- 4 onças (1/4 libra) de provolone defumado ou suíço defumado, picado
- 1 xícara de carne de frango cozida e picada
- 1/2 cebolas roxas pequenas, cortadas em cubos (cerca de 1/2 xícara)
- colher de chá de folhas de orégano picadas ou 1/2 colher de chá de orégano seco
- onça parmegiana, finamente ralada
- 1/2 colher de chá de flocos de pimenta vermelha, opcional

Instruções:

a) Massa fresca em uma pedra de pizza. Primeiro, polvilhe levemente uma casca de pizza com farinha. Adicione a massa e forme-a em um grande círculo, primeiro fazendo covinhas com as pontas dos dedos, depois pegando-a pela borda e moldando-a com as mãos em um círculo de cerca de 14 polegadas de diâmetro. Coloque a massa com o lado enfarinhado para baixo sobre a casca.

b) Massa fresca em uma bandeja de pizza. Unte com spray antiaderente e coloque a massa em um monte no centro da assadeira ou assadeira. Faça uma covinha na massa com as pontas dos dedos, em seguida, puxe e pressione a massa até formar um círculo de cerca de 14 polegadas de diâmetro na bandeja ou um retângulo irregular, cerca de 13 × 7 polegadas, na assadeira.

c) Uma crosta assada. Coloque-o em uma casca de pizza se estiver usando uma pedra de pizza - ou coloque a crosta assada em uma bandeja de pizza.

d) Use uma espátula de borracha para espalhar o molho de churrasco uniformemente sobre a massa preparada, deixando uma borda de 1/2 polegada na borda. Cubra com o queijo ralado e defumado.

e) Disponha os pedaços de frango sobre o queijo e polvilhe com a cebola picada e o orégano.

f) Cubra com a Parmegiana ralada e os flocos de pimenta vermelha, se estiver usando. Deslize a torta da casca para a pedra muito quente - ou coloque a bandeja de pizza com a torta diretamente no forno ou na parte da grelha da grelha que não está diretamente sobre a fonte de calor.

g) Asse ou grelhe com a tampa fechada até a crosta ficar dourada e o queijo derreter e até começar a dourar levemente, 16 a 18 minutos. Deslize a casca de volta sob a crosta para removê-la da pedra ou transfira a bandeja de pizza ou a folha de farinha com a torta para uma gradinha. Deixe a torta esfriar por 5 minutos antes de cortar e servir.

2. Pizza de carne e cogumelos

Ingrediente

- Farinha de uso geral para polvilhar a casca da pizza ou spray antiaderente para untar a bandeja da pizza

- 1 massa caseira

- 1 colher de manteiga sem sal

- 1 cebola amarela pequena, picada (cerca de 1/2 xícara)

- 5 onças cremini ou cogumelos brancos, em fatias finas (cerca de 11/2 xícaras)

- 8 onças (1/2 libra) de carne moída magra

- 2 colheres de sopa de xerez seco, vermute seco ou vinho branco seco

- 1 colher de sopa de folhas de salsa picadas

- 2 colheres de chá de molho inglês

- 1 colher de chá de folhas de tomilho

- 1 colher de chá de folhas de sálvia picadas

- 1/2 colher de chá de sal

- 1/2 colher de chá de pimenta preta moída na hora

- 2 colheres de sopa de molho de bife engarrafado

- 6 onças de Cheddar, desfiado

instruções

a) Massa fresca em uma pedra de pizza. Polvilhe uma casca de pizza com farinha e coloque a massa no centro. Forme a massa em um grande círculo, fazendo covinhas com as pontas dos dedos.

b) Massa fresca em uma pedra de pizza. Polvilhe uma casca de pizza com farinha. Coloque a massa sobre ela e use as pontas dos dedos para fazer uma covinha na massa em um grande círculo. Pegue a massa pela borda e gire-a com as mãos até formar um círculo com cerca de 14 polegadas de diâmetro. Coloque a massa moldada com o lado enfarinhado para baixo na casca.

c) Massa fresca em uma bandeja de pizza. Unte com spray antiaderente. Coloque a massa na assadeira ou assadeira com as pontas dos dedos - em seguida, puxe e pressione até formar um círculo de 14 polegadas na bandeja ou um retângulo irregular de 12 × 7 polegadas na assadeira.

d) Uma crosta assada. Coloque-o em uma casca de pizza se estiver usando uma pedra de pizza - ou coloque a crosta assada em uma bandeja de pizza.

e) Derreta a manteiga em uma frigideira grande em fogo médio. Adicione o refogado de cebola, mexendo sempre, até amolecer, cerca de 2 minutos.

f) Adicione os cogumelos e continue cozinhando, mexendo de vez em quando, até que amoleçam, soltem seu líquido e evapore para um glacê, cerca de 5 minutos.

g) Crumble no cozimento da carne moída, mexendo ocasionalmente, até dourar e cozinhar, cerca de 4 minutos.

h) Misture o xerez, ou seu substituto, a salsa, molho inglês, tomilho, sálvia, sal e pimenta. Continue cozinhando, mexendo sempre, até que a frigideira esteja novamente seca. Separe do fogo.

i) Espalhe o molho de bife uniformemente sobre a crosta, deixando uma borda de 1/2 polegada na borda. Cubra com o Cheddar ralado, mantendo essa borda limpa.

j) Colher e espalhar a mistura de carne moída uniformemente sobre o queijo. Em seguida, deslize a pizza da casca para a pedra quente - ou coloque a torta em sua bandeja de pizza ou folha de farinha no forno ou sobre a parte não aquecida da grelha.

k) Asse ou grelhe com a tampa fechada até que o queijo comece a borbulhar e a crosta esteja marrom na borda e um pouco firme ao toque, 16 a 18 minutos. Certifique-se de estourar as bolhas de ar que surgirem na massa fresca, principalmente na borda e principalmente durante os primeiros 10 minutos de cozimento. Deslize a casca de volta sob a crosta, tomando cuidado para não deslocar a cobertura e, em seguida, reserve por 5 minutos - ou coloque a pizza na bandeja de pizza em uma gradinha pelo mesmo tempo antes de cortar e servir. Como as coberturas são especialmente pesadas, pode não ser possível remover a pizza facilmente da casca, da bandeja ou da assadeira antes de cortar. Se estiver usando uma assadeira ou assadeira antiaderente, transfira cuidadosamente a torta inteira para uma tábua de corte para evitar entalhar a superfície antiaderente.

3. Pizza de brócolis e queijo

Ingrediente

- Farinha de uso geral para polvilhar uma casca de pizza ou spray antiaderente para untar uma bandeja de pizza

- 1 massa caseira

- 2 colheres de manteiga sem sal

- 2 colheres de farinha de trigo

- 11/4 xícaras de leite normal, com baixo teor de gordura ou sem gordura

- 6 onças de Cheddar, desfiado

- 1 colher de chá de mostarda Dijon

- 1 colher de chá de folhas de tomilho ou 1/2 colher de chá de tomilho seco

- 1/2 colher de chá de sal

- Vários traços de molho de pimenta vermelha quente

- 3 xícaras de floretes de brócolis frescos, floretes de brócolis cozidos no vapor ou congelados, descongelados (

- 2 onças Parmegiana ou Grana Padano, ralada finamente

Instruções:

a) Massa fresca em uma pedra de pizza. Polvilhe uma casca de pizza com farinha. Coloque a massa no centro da casca e forme a massa em um grande círculo, fazendo covinhas com as pontas dos dedos. Pegue a massa e gire-a segurando sua borda, puxando-a levemente ao fazê-lo, até que a crosta seja um círculo de cerca de 14 polegadas de diâmetro. Coloque o lado enfarinhado para baixo na casca.

b) Massa fresca em uma bandeja de pizza. Unte um ou outro com spray antiaderente. Coloque a massa na assadeira ou assadeira, faça covinhas na massa com as pontas dos dedos até que fique um círculo achatado. Derreta a manteiga em uma panela grande em fogo médio. Misture a farinha até ficar homogêneo e a mistura resultante se torna loira muito clara, cerca de 1 minuto.

c) Reduza o fogo para médio-baixo e misture o leite, despejando-o em um fluxo lento e constante na mistura de manteiga e farinha. Continue mexendo no fogo até engrossar, como sorvete derretido, talvez um pouco mais fino, cerca de 3 minutos ou ao primeiro sinal de fervura. Retire a panela do fogo e misture o cheddar ralado, mostarda, tomilho, sal e molho de pimenta vermelha (a gosto). Deixe esfriar por 10 a 15 minutos, mexendo de vez em quando.

d) Se você estiver trabalhando com uma crosta assada, pule esta etapa. Se você estiver usando massa fresca, deslize a crosta moldada, mas ainda não coberta, da casca para a pedra quente ou coloque a crosta em sua bandeja ou assadeira no forno ou sobre a parte não aquecida da grelha. Asse ou grelhe com a tampa fechada até que a crosta fique marrom clara, tomando cuidado para estourar as bolhas de ar que surgirem na superfície ou na borda, cerca de 12 minutos. Deslize a casca de volta sob a crosta para removê-la da pedra - ou transfira a bandeja de pizza com a crosta para uma gradinha.

e) Espalhe o molho de queijo grosso sobre a crosta, deixando uma borda de 1/2 polegada na borda. Cubra com os floretes de brócolis, organizando-os uniformemente sobre o molho. Polvilhe com a Parmegiana ralada.

4. Pizza de brócolis e molho de tomate

Ingrediente

- Farinha de milho amarela para polvilhar uma casca de pizza ou azeite para untar uma bandeja de pizza
- 1 massa caseira
- 1 pimentão grande em conserva ou pimentão vermelho assado
- 1/2 colher de chá de flocos de pimenta vermelha
- 1/2 xícara de molho de pizza clássico
- 3 onças de mussarela, ralada
- 3 onças de provolone, Muenster ou Havarti, picado
- 2 xícaras de floretes de brócolis congelados ou floretes frescos, cozidos no vapor
- 1 onça Parmegiana ou Grana Padano, ralada finamente

instruções

a) Massa fresca em uma pedra de pizza. Polvilhe uma casca de pizza com farinha e coloque a massa no centro. Forme a massa em um grande círculo, fazendo covinhas com as pontas dos dedos.

b) Massa fresca em uma pedra de pizza. Polvilhe uma casca de pizza com farinha de milho. Coloque a massa como um caroço na casca e faça uma covinha com as pontas dos dedos até formar um círculo grande. Pegue a massa, segure-a pela borda com as duas mãos e gire-a, esticando levemente, até que fique um círculo de cerca de 14 polegadas de diâmetro. Coloque o lado da farinha de milho para baixo na casca. Se você usou a massa de pizza com espelta, pode ser muito frágil para moldar com esta técnica

c) Massa fresca em uma bandeja de pizza. Unte a assadeira ou assadeira com azeite. Coloque a massa e faça covinhas com as pontas dos dedos - em seguida, puxe e pressione a massa até formar um círculo de 14 polegadas na bandeja ou um retângulo irregular, 13 polegadas de comprimento por 7 polegadas de largura, na assadeira. Uma crosta assada. Coloque-o em uma casca de pizza enfarinhada se estiver usando uma pedra de pizza - ou coloque a crosta assada em uma bandeja de pizza.

d) Bata o pimentão com os flocos de pimenta vermelha em um mini processador de alimentos até ficar homogêneo. Alternativamente, triture-os em um almofariz com um pilão até obter uma pasta lisa. Deixou de lado. Espalhe o molho de pizza uniformemente sobre a crosta preparada, deixando uma borda de 1/2 polegada na borda. Cubra com os dois queijos ralados, mantendo essa borda intacta.

e) Polvilhe os floretes de brócolis ao redor da torta, novamente deixando essa borda intacta. Espalhe o purê de pimentão por cima, usando cerca de 1 colher de chá para cada porção. Cubra com a Parmegiana finamente ralada. Deslize cuidadosamente a pizza da casca para a pedra quente - ou se você usou uma bandeja de pizza ou assadeira, coloque com a torta no forno ou sobre a parte não aquecida da grelha.

f) Asse ou grelhe com a tampa fechada até o queijo derreter, o molho vermelho ficar espesso e a crosta ficar dourada e firme ao toque, 16 a 18 minutos.

g) Deslize a casca de volta sob a pizza para tirá-la da pedra muito quente ou transfira a pizza em sua bandeja ou assadeira para uma gradinha. Se você quiser garantir que a crosta fique crocante, remova a torta da casca, da bandeja ou da assadeira depois de esfriar por cerca de 1 minuto, coloque a pizza diretamente na grade. Em qualquer caso, deixe esfriar por um total de 5 minutos antes de cortar.

5. Pizza de queijo com frango

Ingrediente

- Farinha de milho amarela para polvilhar uma casca de pizza ou manteiga sem sal para untar uma bandeja de pizza

- 1 massa caseira

- 1 colher de manteiga sem sal

- 10 onças de peito de frango desossado e sem pele, em fatias finas

- 1 colher de sopa de molho de pimenta vermelha, de preferência Tabasco

- 1 colher de sopa de molho inglês

- 6 colheres de sopa de molho de pimenta engarrafado, como Heinz

- 3 onças de mussarela, ralada

- 3 onças Monterey Jack, desfiado

- 3 costelas médias de aipo, cortadas em fatias finas

- 2 onças de queijo azul, como Gorgonzola, azul dinamarquês ou Roquefort

instruções

a) Massa fresca em uma pedra de pizza. Polvilhe uma casca de pizza com farinha e coloque a massa no centro. Forme a massa em um grande círculo, fazendo covinhas com as pontas dos dedos.

b) Massa fresca em uma pedra de pizza. Polvilhe uma casca de pizza com farinha de milho. Coloque a massa no centro da casca e forme a massa em um grande círculo, fazendo covinhas com as pontas dos dedos. Pegue a massa e modele-a com as mãos, segurando sua borda, girando lentamente a massa até que fique um círculo de cerca de 14 polegadas de diâmetro. Coloque o lado da farinha de milho para baixo na casca.

c) Massa fresca em uma assadeira. Espalhe um pouco de manteiga sem sal em uma toalha de papel e esfregue-a em torno de uma bandeja de pizza para untar bem. Coloque a massa na assadeira ou assadeira, faça covinhas na massa com as pontas dos dedos até que fique um círculo achatado. Em seguida, puxe e pressione até formar um círculo de 14 polegadas na bandeja ou um retângulo irregular de 12 × 7 polegadas na assadeira. Uma crosta assada. Coloque-o em uma casca de pizza polvilhada com fubá se estiver usando uma pedra de pizza - ou coloque a crosta assada em uma bandeja de pizza com manteiga ou uma assadeira grande.

d) Derreta a manteiga em uma frigideira grande ou wok em fogo médio. Adicione o frango fatiado, mexendo sempre, até ficar cozido, cerca de 5 minutos. Retire a frigideira ou wok do fogo e misture o molho de pimenta vermelha e o molho Worcestershire. Espalhe o molho de pimenta sobre a crosta, tomando cuidado para deixar uma borda de 1/2 polegada na borda. Coloque o frango fatiado revestido sobre o molho.

e) Cubra com a mussarela ralada e o Monterey Jack, preservando a borda da crosta. Polvilhe o aipo fatiado uniformemente sobre a torta. Por fim, desfaça o queijo azul uniformemente em pequenas porções e esfarele sobre as outras coberturas.

6. Pizza de acelga e queijo azul

Ingrediente

- Fubá amarelo para a casca ou spray antiaderente para a bandeja de pizza ou assadeira

- 1 massa caseira,

- 2 colheres de manteiga sem sal

- 3 dentes de alho, picados

- 4 xícaras de folhas de acelga bem embaladas, desfiadas e com caule

- 6 onças de mussarela, desfiada

- 1/3 xícara de Gorgonzola desintegrado, azul dinamarquês ou Roquefort

- 1/2 colher de chá de noz-moscada ralada

- Até 1/2 colher de chá de flocos de pimenta vermelha, opcional

instruções

a) Massa fresca em uma pedra de pizza. Polvilhe uma casca de pizza com farinha e coloque a massa no centro. Forme a massa em um grande círculo, fazendo covinhas com as pontas dos dedos.

b) Massa de pizza fresca em uma pedra de pizza. Polvilhe uma casca de pizza com farinha de milho e coloque a massa no centro. Forme-o em um grande círculo fazendo covinhas com as pontas dos dedos. Pegue-o e molde-o com as mãos, segurando sua borda, girando lentamente a massa até que tenha cerca de 14 polegadas de diâmetro. Coloque o lado enfarinhado para baixo na casca.

c) Massa fresca em uma bandeja de pizza. Unte qualquer um deles com spray antiaderente. Coloque a massa na bandeja ou assadeira e faça covinhas na massa com as pontas dos dedos - depois puxe e pressione até formar um círculo de 14 polegadas na bandeja ou um retângulo irregular de 12 × 7 polegadas na assadeira.

d) Uma crosta assada. Coloque-o em uma casca de pizza se estiver usando uma pedra de pizza - ou coloque a crosta assada em uma bandeja de pizza.

e) Aqueça a manteiga em uma frigideira grande em fogo médio. Adicione o alho e cozinhe por 1 minuto.

f) Adicione as verduras e cozinhe, mexendo frequentemente com pinças ou dois garfos, até ficarem macias e murchas, cerca de 4 minutos. Deixou de lado.

g) Polvilhe a mussarela ralada sobre a massa, deixando uma borda de 1/2 polegada ao redor da borda.

h) Cubra com a mistura de verduras da frigideira e polvilhe o queijo azul sobre a pizza. Rale a noz-moscada por cima e polvilhe os flocos de pimenta vermelha, se desejar.

i) Deslize a pizza da casca para a pedra quente ou coloque a torta em sua bandeja ou folha de farinha no forno ou na seção não aquecida da grelha. Asse ou grelhe com a tampa fechada até que o queijo derreta e esteja borbulhando e a crosta esteja firme ao toque, 16 a 18 minutos. Deslize a casca de volta sob a torta para tirá-la da pedra quente, depois coloque-a de lado – ou transfira a torta em sua bandeja ou assadeira para uma gradinha. Deixe esfriar por 5 minutos antes de cortar.

7. Pizza de Chouriço e Pimenta Vermelha

Ingrediente

- Farinha de uso geral para polvilhar a casca ou spray antiaderente para untar a bandeja de pizza
- 1 massa caseira,
- 1 pimentão vermelho médio
- tomates secos ao sol embalados em óleo
- 1 dente de alho, cortado em quatro
- onças de mussarela ou Monterey Jack, desfiada
- 4 onças (1/4 libra) de chouriço espanhol pronto para comer, em fatias finas
- 1/2 xícara de azeitonas verdes sem caroço fatiadas
- 3 onças Manchego ou Parmegiana, raspadas em tiras finas

instruções

a) Massa fresca em uma pedra de pizza. Polvilhe uma casca de pizza com farinha e coloque a massa no centro. Forme a massa em um grande círculo, fazendo covinhas com as pontas dos dedos.

b) Massa fresca em uma pedra de pizza. Comece polvilhando uma casca de pizza com farinha e coloque a massa no centro. Use as pontas dos dedos para fazer covinhas na massa, espalhando-a um pouco até ficar um círculo achatado. Pegue-o e modele-o segurando sua borda e girando-o lentamente até que tenha cerca de 14 polegadas de diâmetro. Coloque o lado enfarinhado para baixo na casca.

c) Massa fresca em uma assadeira. Unte uma forma de pizza com spray antiaderente. Coloque a massa na bandeja ou assadeira com as pontas dos dedos até que fique um círculo achatado - em seguida, puxe e pressione até formar um círculo de 14 polegadas na bandeja ou um retângulo irregular de 12 × 17 polegadas na assadeira. Uma crosta assada. Coloque-o em uma casca de pizza enfarinhada se estiver usando uma pedra de pizza - ou coloque a crosta assada em uma bandeja de pizza.

d) Coloque a pimenta em uma assadeira pequena e grelhe de 4 a 6 polegadas de uma grelha pré-aquecida até ficar enegrecida ao redor, virando ocasionalmente, cerca de 4 minutos. Em ambos os casos, coloque a pimenta preta em uma tigela pequena e feche bem com filme plástico ou feche em um saco de papel. Reserve por 10 minutos.

e) Retire os pedaços enegrecidos externos da pimenta. Não há necessidade de remover cada pedacinho preto. Caule, tire o caroço e semeie a pimenta antes de rasgá-la em pedaços grandes. Coloque esses pedaços em um processador de alimentos. Adicione os tomates secos e o alho processando até obter uma pasta bem lisa, raspando as laterais com uma espátula de borracha conforme necessário. Espalhe a mistura de pimenta sobre a crosta, deixando uma borda de 1/2 polegada na borda. Cubra a mistura de pimenta com o queijo ralado e, em seguida, disponha as fatias de chouriço sobre a pizza.

f) Polvilhe as azeitonas sobre a torta e, em seguida, coloque as tiras raspadas de Manchego sobre as coberturas.

8. Pizza Delicata de Abóbora e Acelga

Ingrediente

- Farinha de uso geral para a casca da pizza ou azeite para a bandeja da pizza
- 1 massa caseira
- 1 colher de manteiga sem sal
- cebola amarela pequena, picada (cerca de 1/2 xícara)
- xícara de abóbora delicata sem sementes e em cubos (2 ou 3 abóboras médias)
- 4 xícaras de folhas de acelga suíças picadas
- 1/4 xícara de vinho branco seco ou vermute seco
- colher de sopa de xarope de bordo
- 1 colher de chá de folhas de sálvia picadas
- 1/2 colher de chá de canela em pó
- 1/2 colher de chá de sal
- 1/2 colher de chá de pimenta preta moída na hora
- 8 onças Fontina, desfiado

instruções

a) Massa fresca em uma pedra de pizza. Polvilhe uma casca de pizza com farinha e coloque a massa no centro. Forme a massa em um grande círculo, fazendo covinhas com as pontas dos dedos.

b) Massa fresca em uma pedra de pizza. Polvilhe uma casca de pizza levemente com farinha. Adicione a massa e forme-a em um grande círculo, fazendo covinhas com as pontas dos dedos. Pegue-o com as duas mãos na borda e gire-o lentamente, deixando a gravidade esticar o círculo enquanto você também faz isso na borda, até que tenha cerca de 14 polegadas de diâmetro. Coloque a massa moldada com o lado enfarinhado para baixo na casca.

c) Massa fresca em uma bandeja de pizza. Unte levemente a assadeira ou assadeira com um pouco de azeite. Coloque a massa no centro e faça covinhas na massa com as pontas dos dedos para achatá-la em um círculo grosso - depois puxe e pressione até formar um círculo de 14 polegadas na bandeja ou um retângulo irregular de 12 × 7 polegadas na assadeira.

d) Uma crosta assada. Coloque-o em uma casca de pizza enfarinhada se estiver usando uma pedra de pizza - ou coloque a crosta assada em uma bandeja de pizza. Derreta a manteiga em uma frigideira grande em fogo médio, em seguida, adicione a cebola e cozinhe, mexendo sempre, até ficar translúcida, cerca de 3 minutos. Junte a abóbora cortada em cubos e cozinhe, mexendo de vez em quando, por 4 minutos. Adicione a acelga picada e despeje o vinho ou vermute. Mexa constantemente até murchar parcialmente, em seguida, misture o xarope de bordo, sálvia, canela, sal e pimenta.

e) Misture bem, tampe, reduza o fogo para baixo e cozinhe, mexendo ocasionalmente, até que a acelga e a abóbora estejam macias e o líquido tenha evaporado para um esmalte, cerca de 8 minutos. Espalhe a Fontina desfiada uniformemente sobre a crosta, deixando uma borda de 1/2 polegada em torno de sua borda.

f) Espalhe a cobertura de abobrinha e acelga uniformemente sobre o queijo. Retire a crosta da casca e coloque na pedra aquecida ou coloque a torta em sua bandeja ou assadeira no forno ou sobre a parte não aquecida da grelha. Asse ou grelhe com a tampa fechada até que o queijo esteja borbulhando e a crosta fique dourada, 16 a 18 minutos.

g) Deslize a casca de volta sob a crosta para removê-la da pedra e deixe esfriar por 5 minutos, ou transfira a torta em sua bandeja ou assadeira para uma gradinha para esfriar por 5 minutos.

9. Pizza confitada de pato

Ingrediente

- Farinha de uso geral para a casca da pizza ou spray antiaderente para a bandeja da pizza

- 1 massa caseira

- 4 onças (1/4 libra) Gruyère, desfiado

- 1/3 xícara de feijão branco enlatado, escorrido e enxaguado

- 1 cabeça de alho assado

- 2 colheres de sopa de folhas de sálvia picadas ou 1 colher de sopa de sálvia seca

- 2 colheres de chá de folhas de tomilho ou 1 colher de chá de tomilho seco

- 1/2 colher de chá de sal

- 1/2 colher de chá de pimenta preta moída na hora

- 4 onças de pernas confitadas de pato, desossadas e a carne desfiada

- 2 onças de kielbasa defumado, pronto para comer, em fatias finas

- 1 1/2 onças Parmegiana, finamente ralada

instruções

a) Massa fresca em uma pedra de pizza. Polvilhe uma casca de pizza com farinha e coloque a massa no centro. Forme a massa em um grande círculo, fazendo covinhas com as pontas dos dedos.

b) Massa fresca em uma pedra de pizza. Depois de polvilhar uma casca de pizza com farinha, coloque a massa no centro e faça covinhas na massa com as pontas dos dedos, esticando-a até ficar um círculo achatado e ondulado. Pegue-o pela borda e gire-o lentamente em suas mãos, esticando a borda ao fazê-lo, até que seja um círculo de cerca de 14 polegadas de diâmetro. Coloque a massa com o lado enfarinhado para baixo na casca.

c) Massa fresca em uma bandeja de pizza. Unte com spray antiaderente e coloque a massa no centro. Faça uma covinha na massa com as pontas dos dedos - em seguida, puxe e pressione a massa até formar um círculo de 14 polegadas na bandeja ou um retângulo irregular, com cerca de 12 polegadas de comprimento e 7 polegadas de largura, na assadeira. Uma crosta assada. Coloque-o em uma casca de pizza enfarinhada se estiver usando uma pedra de pizza - ou coloque a crosta assada em uma bandeja de pizza untada.

d) Espalhe o Gruyère ralado sobre a crosta, deixando uma borda de 1/2 polegada na borda. Cubra o queijo com o feijão e esprema a polpa de alho sobre a pizza. Se você estiver usando alho assado comprado, corte os dentes em quatro para que possam ser polvilhados sobre a torta. Polvilhe com sálvia, tomilho, sal e pimenta.

e) Disponha a carne confitada de pato desfiada e as rodelas de kielbasa sobre a torta, depois cubra com a parmegiana ralada. Deslize a torta da casca para a pedra aquecida ou coloque a torta em sua bandeja de pizza no forno ou na parte não aquecida da grelha da grelha.

f) Asse ou grelhe com a tampa fechada até que a crosta esteja levemente dourada e um pouco firme ao toque, 16 a 18 minutos. Se surgirem bolhas de ar nas bordas da massa fresca, pique-as com um garfo.

10. Pizza de almôndega

Ingrediente

- Farinha de uso geral para a casca da pizza ou azeite para a bandeja da pizza
- 1 massa caseira
- 8 onças (1/2 libra) de carne moída magra
- 1/4 xícara de folhas de salsa picadas
- 2 colheres de sopa de migalhas de pão desidratadas
- 1/2 onça Asiago, Grana Padano ou Pecorino, ralado fino
- 2 colheres de chá de folhas de orégano picadas ou 1 colher de chá de orégano seco
- 1/2 colher de chá de sementes de erva-doce
- 1/4 colher de chá de sal
- 1/4 colher de chá de pimenta preta moída na hora 5 dentes de alho picados
- 1 colher de azeite
- 1 cebola amarela pequena, picada (cerca de 1/2 xícara)

- 14 onças de tomates esmagados
- 1 colher de chá de folhas de tomilho
- 1/4 colher de chá de noz-moscada ralada ou moída e 1/4 colher de chá de cravo moído
- 1/4 colher de chá de flocos de pimenta vermelha
- 6 onças de mussarela, desfiada
- 2 onças Parmegiana, raspada em tiras finas

instruções

a) Massa fresca em uma pedra de pizza. Polvilhe uma casca de pizza com farinha, coloque a massa no centro e forme a massa em um grande círculo fazendo covinhas com as pontas dos dedos. Pegue-o e molde-o segurando sua borda e girando-o, enquanto o estica suavemente, até que tenha cerca de 14 polegadas de diâmetro. Coloque o lado enfarinhado para baixo na casca.

b) Massa fresca em uma bandeja de pizza. Coloque um pouco de azeite em uma toalha de papel e unte a assadeira. Coloque a massa no meio e faça covinhas na massa com as pontas dos dedos até que fique um círculo achatado - em seguida, puxe e pressione até formar um círculo de 14 polegadas na bandeja ou um retângulo irregular de 12 × 7 polegadas na assadeira.

c) Coloque-o em uma casca de pizza enfarinhada se estiver usando uma pedra de pizza - ou coloque a crosta assada em uma bandeja de pizza untada.

d) Misture a carne moída, salsa, pão ralado, queijo ralado, orégano, sementes de erva-doce, 1/2 colher de chá de sal, 1/2 colher de chá de pimenta e 1 dente de alho picado em uma tigela grande até ficar bem combinado. Forme 10 almôndegas, usando cerca de 2 colheres de sopa da mistura para cada uma.

e) Aqueça o azeite em uma panela grande em fogo médio. Adicione a cebola e os restantes 4 dentes de alho picados cozinhe, mexendo sempre, até amolecer, cerca de 3 minutos.

f) Misture os tomates esmagados, tomilho, noz-moscada, cravo, flocos de pimenta vermelha, o restante 1/4 colher de chá de sal e o restante 1/4 colher de chá de pimenta. Adicione as almôndegas e leve ao fogo brando.

g) Reduza o fogo para baixo e cozinhe, descoberto, até que o molho engrosse e as almôndegas estejam cozidas, cerca de 20 minutos. Arrefecer à temperatura ambiente durante 20 minutos.

h) Espalhe a mussarela ralada sobre a crosta preparada, deixando uma borda de 1/2 polegada na borda. Retire as almôndegas do molho de tomate e reserve. Colher e espalhar o molho de tomate sobre o queijo, tomando cuidado para manter a borda intacta.

i) Corte cada almôndega ao meio e coloque as metades com o lado cortado para baixo em toda a torta. Cubra com o pimentão picado e depois a Parmegiana ralada. Deslize a pizza da casca para a pedra quente ou coloque a pizza em sua bandeja ou assadeira no forno ou sobre a parte não aquecida da grelha.

j) Asse ou grelhe com a tampa fechada até que o molho esteja borbulhando e a crosta fique dourada, 16 a 18 minutos. Deslize a casca de volta sob a crosta para removê-la da pedra quente ou transfira a torta na bandeja para uma gradinha. Deixe esfriar por 5 minutos antes de cortar.

11. Pizza mexicana de camarão

Ingrediente

- Farinha de trigo para polvilhar a casca da pizza ou spray antiaderente para untar a bandeja da pizza
- 1 massa caseira,
- Camarão médio de 6 onças (cerca de 30 por libra), descascado e limpo
- 8 onças (1/2 libra) de tomate cereja, picado
- 1 chalota média, picada
- 11/2 colheres de sopa de folhas de coentro picadas
- 1 colher de sopa de azeite extra virgem
- 1 colher de chá de vinagre de vinho tinto
- 1/4 colher de chá de sal
- 6 onças de Cheddar, desfiado
- 1 jalapeño em conserva em frasco médio, sem sementes e picado
- 1 colher de chá de sementes de cominho, trituradas

instruções

a) Massa fresca em uma pedra de pizza. Polvilhe uma casca de pizza com farinha, coloque a massa no centro e forme a massa em um círculo grande e achatado, fazendo covinhas com as pontas dos dedos. Pegue-o e modele-o segurando sua borda e girando e esticando lentamente a massa até que tenha cerca de 14 polegadas de diâmetro. Coloque o lado enfarinhado para baixo na casca.

b) Massa fresca em uma bandeja de pizza. Unte com spray antiaderente e coloque a massa no centro. Faça uma covinha na massa com as pontas dos dedos - em seguida, puxe e pressione a massa até formar um círculo de cerca de 14 polegadas de diâmetro na bandeja ou um retângulo irregular de 12 × 7 polegadas na assadeira. Uma crosta assada. Coloque-o em uma casca de pizza se estiver usando uma pedra de pizza - ou coloque a crosta assada em uma bandeja de pizza.

c) Coloque uma panela média com um vaporizador de legumes. Adicione uma polegada de água (mas não para que a água suba no vaporizador) na panela e leve a água para ferver em fogo alto. Adicione o camarão, tampe, reduza o fogo para baixo e cozinhe no vapor até ficar rosa e firme, cerca de 3 minutos. Retire e refresque em água fria para interromper o cozimento. Pique em pedaços pequenos. Misture os tomates cereja, chalota, coentro, azeite, vinagre e sal em uma tigela pequena. Espalhe esta mistura sobre a crosta preparada, deixando uma borda de 1/2 polegada na borda.

d) Cubra com o cheddar ralado, em seguida, polvilhe o camarão picado, jalapeño picado e as sementes de cominho esmagadas. Deslize a pizza da casca para a pedra quente ou coloque a torta em sua bandeja ou assadeira no forno ou na seção da grelha que não está diretamente sobre a fonte de calor ou carvão. Asse ou grelhe com a tampa fechada até que a crosta esteja dourada e o queijo derretido, 16 a 18 minutos. Se estiver trabalhando com massa fresca, seja caseira ou comprada, verifique-a ocasionalmente para que você possa furar quaisquer bolhas de ar que possam surgir em sua superfície. Quando a pizza estiver pronta, deslize a casca de volta para tirá-la da pedra ou transfira a torta em sua bandeja ou assadeira para uma gradinha. Deixe esfriar por 5 minutos antes de cortar e servir.

12. Pizza de nacho

Ingrediente

- Fubá amarelo para polvilhar a casca da pizza ou spray antiaderente para untar a bandeja da pizza

- 1 massa caseira

- 11 /4 xícaras de feijão frito enlatado

- 6 onças Monterey Jack, desfiado

- 3 tomates ameixa médios, picados

- 1/2 colher de chá de cominho moído

- colher de chá de folhas de orégano picadas ou 1 /2 colher de chá de orégano seco

- 1/2 colher de chá de sal

- 1/2 colher de chá de pimenta preta moída na hora

- 1/3 xícara de salsa

- 1/2 xícara de creme de leite normal ou com baixo teor de gordura

- Fatias de jalapeño em conserva, a gosto

instruções

a) Massa fresca em uma pedra de pizza. Polvilhe uma casca de pizza com farinha de milho, coloque a massa no centro e forme a massa em um grande círculo fazendo covinhas com as pontas dos dedos. Pegue-o e molde-o com as mãos na borda, girando lentamente a massa até que tenha cerca de 14 polegadas de diâmetro. Coloque o lado da farinha de milho para baixo na casca.

b) Massa fresca em uma bandeja de pizza. Unte a assadeira ou assadeira com spray antiaderente. Coloque a massa no centro e faça covinhas na massa com as pontas dos dedos até ficar um círculo grande e achatado - depois puxe e pressione até formar um círculo de 14 polegadas na bandeja ou um retângulo irregular, cerca de 12 × 7 polegadas, na assadeira.

c) Uma crosta assada. Coloque-o em uma casca de pizza se estiver usando uma pedra de pizza - ou coloque a crosta assada em uma bandeja de pizza. Use uma espátula de borracha para espalhar o feijão frito sobre a crosta, cobrindo-o uniformemente, mas deixando uma borda de 1/2 polegada na borda. Cubra o feijão com o Monterey Jack desfiado.

d) Misture os tomates picados, cominho, orégano, sal e pimenta em uma tigela grande e espalhe uniformemente sobre o queijo. Dot a salsa em pequenas colheres sobre a crosta. Deslize a pizza da casca para a pedra aquecida ou coloque a torta em sua bandeja ou assadeira no forno ou na grelha da grelha em fogo indireto. Asse ou grelhe com a tampa fechada até que o queijo esteja borbulhando e o feijão esteja quente,

e) Deslize a casca de volta sob a crosta e reserve ou transfira a torta na bandeja ou assadeira para uma gradinha. Resfrie por 5 minutos. Para uma crosta mais crocante, remova a pizza da casca, da bandeja ou da assadeira após um minuto ou dois para deixá-la esfriar diretamente na grade.

f) Cubra a torta com gotas de creme de leite e quantas fatias de jalapeño você quiser antes de cortar e servir.

13.   Pizza de ervilhas e cenouras

Ingrediente

- Farinha de uso geral para a casca da pizza ou spray antiaderente para a bandeja da pizza
- 1 massa caseira
- 2 colheres de manteiga sem sal
- 1 1/2 colheres de sopa de farinha de trigo
- 1/2 xícara de leite integral, com baixo teor de gordura ou sem gordura
- 1/2 xícara de creme pesado, batido ou leve 3 onças
- 2 colheres de chá de folhas de tomilho ou 1 colher de chá de tomilho seco
- 1/2 colher de chá de noz-moscada ralada
- xícara de ervilhas frescas com casca ou ervilhas congeladas, descongeladas
- xícara de cenoura em cubos (se estiver usando congelada, depois descongelada)
- 3 dentes de alho, picados
- 1 onça parmegiana, finamente ralada

instruções

a) Massa fresca em uma pedra de pizza. Polvilhe uma casca de pizza com farinha, coloque a massa no centro e molde a massa em um círculo achatado e grande com as pontas dos dedos. Pegue-o e modele-o segurando sua borda, girando-o lentamente e esticando suavemente a massa até que o círculo tenha cerca de 14 polegadas de diâmetro. Coloque a massa com o lado enfarinhado para baixo na casca.

b) Massa fresca em uma bandeja de pizza. Unte com spray antiaderente e coloque a massa no centro de qualquer um. Faça uma covinha na massa com as pontas dos dedos até que ela fique um círculo achatado e achatado – então puxe e pressione até formar um círculo de 14 polegadas na bandeja ou um retângulo irregular de 12 × 7 polegadas na assadeira. Uma crosta assada. Coloque-o em uma casca de pizza enfarinhada se estiver usando uma pedra de pizza - ou coloque a crosta assada em uma bandeja de pizza. Derreta a manteiga em uma frigideira grande em fogo médio. Misture a farinha e continue batendo até ficar homogêneo e bege muito claro. Bata o leite em um fluxo lento e constante, em seguida, misture o creme. Continue mexendo no fogo até engrossar, mais ou menos como sorvete derretido bem fino. Misture o queijo ralado, o tomilho e a noz-moscada até ficar homogêneo. Arrefecer à temperatura ambiente durante 10 minutos.

c) Enquanto isso, deslize a crosta não coberta da casca para a pedra aquecida ou coloque a crosta em sua bandeja no forno ou sobre a parte não aquecida da grelha. Asse ou grelhe com a tampa fechada até que a crosta comece a ficar firme nas bordas e comece a dourar, cerca de 10 minutos. Se estiver usando massa fresca, você precisará estourar as bolhas de ar que possam surgir na superfície ou nas bordas enquanto assa. Deslize a casca de volta sob a crosta parcialmente assada e remova-a do forno ou grelha – ou então transfira a crosta na bandeja ou assadeira para uma gradinha.

d) Espalhe o molho à base de leite engrossado sobre a crosta, deixando uma borda de 1/2 polegada na borda. Cubra o molho com as ervilhas e as cenouras e polvilhe o alho uniformemente sobre a torta. Por fim, polvilhe a Parmegiana ralada sobre as coberturas.

14.   Pizza Filadélfia

Ingrediente

- Farinha de uso geral para a casca da pizza ou spray antiaderente para a bandeja da pizza
- 1 massa caseira,
- 1 colher de manteiga sem sal
- 1 cebola amarela pequena, cortada ao meio pelo caule e em fatias finas
- 1 pimentão verde pequeno, sem sementes e em fatias bem finas
- 2 colheres de sopa de molho inglês
- Vários traços de molho de pimenta vermelha quente
- 6 colheres de sopa de molho de pizza clássico
- 8 onças (1/2 libra) de mussarela, ralada
- 6 onças de rosbife deli, papel raspado fino e cortado em tiras
- 3 onças de provolone, picado

instruções

a) Massa fresca em uma pedra de pizza. Polvilhe uma casca de pizza levemente com farinha. Adicione a massa e forme-a em um grande círculo, fazendo covinhas com as pontas dos dedos. Pegue-o pela borda e modele-o girando-o lentamente e esticando-o suavemente até que tenha cerca de 14 polegadas de diâmetro. Coloque o lado enfarinhado para baixo na casca.

b) Massa fresca em uma bandeja de pizza. Unte a assadeira ou assadeira com spray antiaderente. Coloque a massa no centro e faça covinhas com as pontas dos dedos até que fique um círculo achatado - em seguida, puxe e pressione a massa até formar um círculo de cerca de 14 polegadas de diâmetro na bandeja ou um retângulo irregular, cerca de 12 × 7 polegadas, na assadeira.

c) Uma crosta assada. Coloque-o em uma casca de pizza enfarinhada se estiver usando uma pedra de pizza - ou coloque a crosta assada em uma bandeja de pizza. Derreta a manteiga em uma frigideira grande em fogo médio. Adicione a cebola e o pimentão cozinhe, mexendo sempre, até amolecer, cerca de 5 minutos. Junte o molho inglês e o molho de pimenta vermelha (a gosto). Continue cozinhando até que o líquido na frigideira tenha reduzido a um esmalte, cerca de mais 2 minutos. Arrefecer à temperatura ambiente durante 5 minutos. Use uma espátula de borracha para espalhar o molho de pizza sobre a crosta preparada, deixando uma borda de 1/2 polegada na borda. Cubra com a mussarela ralada.

d) Coloque as tiras de rosbife uniformemente sobre a torta, depois espalhe a mistura de vegetais sobre a carne. Cubra com o provolone ralado.
e) Deslize a pizza da casca para a pedra quente ou coloque a pizza em sua bandeja ou assadeira no forno ou sobre a parte da grelha que não está bem sobre a fonte de calor.
f) Asse ou grelhe com a tampa fechada até que a crosta fique dourada, uniformemente dourada na parte de baixo, e o queijo tenha derretido e até começado a ficar marrom muito claro, cerca de 18 minutos.
g) Uma ou duas vezes, verifique a massa fresca, seja caseira ou comprada, para furar quaisquer bolhas de ar que possam surgir em sua superfície, principalmente na borda.

15.   Pizza polinésia

Ingrediente

- Farinha de trigo para polvilhar a casca da pizza ou spray antiaderente para untar a bandeja da pizza
- 1 massa caseira
- 3 colheres de sopa de molho de soja grosso doce
- 6 onças de mussarela, desfiada
- 3 onças de bacon canadense, em cubos
- 1 xícara de pedaços de abacaxi fresco
- 1/2 xícara de cebolinha em fatias finas
- colher de sopa de sementes de gergelim

instruções

a) Massa fresca em uma pedra de pizza. Polvilhe uma casca de pizza com farinha, coloque a massa no centro e forme a massa em um círculo grande e achatado, fazendo covinhas com as pontas dos dedos. Pegue-o pela borda e estique-o girando-o até que tenha cerca de 14 polegadas de diâmetro. Coloque a massa moldada com o lado enfarinhado para baixo na casca.

b) Massa fresca em uma bandeja de pizza. Unte a assadeira ou assadeira com spray antiaderente. Coloque a massa no centro de qualquer um e faça covinhas na massa com as pontas dos dedos - depois puxe e pressione até formar um círculo de 14 polegadas na bandeja ou um retângulo irregular de 12 × 7 polegadas na assadeira.

c) Uma crosta assada. Coloque-o em uma casca de pizza enfarinhada se estiver usando uma pedra de pizza - ou coloque a crosta assada em uma bandeja de pizza.

d) Espalhe o molho de soja uniformemente sobre a massa, deixando uma borda de 1/2 polegada na borda. Polvilhe a mussarela ralada uniformemente sobre o molho.

e) Cubra a pizza com o bacon canadense, pedaços de abacaxi e cebolinha fatiada - depois polvilhe as sementes de gergelim uniformemente sobre a torta.

f) Deslize a crosta da casca para a pedra bem quente ou coloque a torta em sua assadeira ou assadeira no forno ou na grelha sobre a porção não aquecida. Asse ou grelhe com a tampa fechada até que o queijo derreta e a crosta esteja dourada, 16 a 18 minutos.

g) Deslize a casca de volta sob a crosta para removê-la da pedra quente ou transfira a torta em sua bandeja ou assadeira para uma gradinha. Resfrie a pizza na casca ou na grelha por 5 minutos antes de cortar. Para garantir que a crosta fique crocante, transfira a pizza da casca, bandeja ou assadeira diretamente para a gradinha após um minuto ou mais.

16. Pizza de empadão

Ingrediente

- Fubá amarelo para a casca da pizza ou spray antiaderente para a bandeja da pizza
- 1 massa caseira
- 1 colher de manteiga sem sal
- 1 1/2 colheres de sopa de farinha de trigo
- 1 xícara de leite integral, com baixo teor de gordura ou sem gordura, em temperatura ambiente
- 1 colher de sopa de mostarda Dijon
- 1 1/2 colheres de chá de folhas de tomilho ou 1 colher de chá de tomilho seco
- 1 colher de chá de folhas de sálvia picadas ou 1/2 colher de chá de sálvia seca
- 1 xícara de carne de frango ou peru picada, sem pele, desossada e cozida
- 2 xícaras de legumes mistos congelados, descongelados
- 2 colheres de chá de molho inglês
- 1/2 colher de chá de sal

- 1/2 colher de chá de pimenta preta moída na hora

- Vários traços de molho de pimenta vermelha quente

- 6 onças Gouda, Emmental, Suíço ou Cheddar, picado

instruções

a) Massa fresca em uma pedra de pizza. Comece polvilhando uma casca de pizza com farinha de milho e, em seguida, coloque a massa no centro. Faça uma covinha na massa com as pontas dos dedos em um círculo grande e achatado - em seguida, pegue-a, segure-a pela borda e gire-a à sua frente, enquanto a estica suavemente até que tenha cerca de 14 polegadas de diâmetro. Coloque a massa moldada com o lado do fubá para baixo na casca.

b) Massa fresca em uma bandeja de pizza. Unte um ou outro com spray antiaderente. Coloque a massa no centro de cada um e faça covinhas na massa com as pontas dos dedos - em seguida, puxe e pressione até formar um círculo de cerca de 14 polegadas de diâmetro na bandeja ou um retângulo irregular de 12 × 7 polegadas na assadeira.

c) Uma crosta assada. Coloque-o em uma casca de pizza polvilhada com fubá se estiver usando uma pedra de pizza - ou coloque a crosta assada em uma bandeja de pizza.

d) Derreta a manteiga em uma panela grande em fogo médio. Bata a farinha até ficar bem lisa e continue mexendo no fogo até ficar loiro claro, cerca de
e) segundos.

f) Bata o leite em um fluxo lento e constante. Continue mexendo no fogo até engrossar, mais ou menos como sorvete derretido. Junte a mostarda e as ervas.

g) Retire a panela do fogo e misture a carne e os legumes, em seguida, misture o molho inglês, sal, pimenta e molho de pimenta vermelha (a gosto).

h) Misture o queijo ralado até que tudo esteja uniforme e revestido no molho.

i) Espalhe uniformemente sobre a crosta, deixando uma borda de 1/2 polegada na borda.

j) Retire a crosta da casca e coloque-a na pedra, ou coloque a torta em sua bandeja ou assadeira no forno ou sobre a seção não aquecida da grelha. Asse ou grelhe com a tampa fechada até o recheio borbulhar e a crosta ficar dourada e um pouco firme ao toque, cerca de 18 minutos. Verifique uma torta de massa fresca ocasionalmente para se certificar de que não há bolhas de ar na crosta.

k) Deslize a casca de volta sob a crosta para remover a torta da pedra ou transfira a torta em sua bandeja ou assadeira para uma gradinha. Deixe esfriar por 5 minutos antes de cortar. Se desejar, transfira a torta diretamente para a gradinha após um minuto ou mais para deixar a crosta esfriar um pouco sem descansar contra outra superfície quente.

17. Pizza de Batata, Cebola e Chutney

Ingrediente

- Farinha de trigo para polvilhar a casca da pizza ou spray antiaderente para untar a bandeja da pizza

- 1 massa caseira

- 12 onças (3 ∕4 libras) de batatas ferventes brancas, como sapateiras irlandesas, descascadas

- 6 colheres de sopa de chutney de manga, chutney de mirtilo ou outro à base de frutas

- molho picante

- 6 onças Monterey Jack, ralado

- 3 colheres de sopa de endro picado ou 1 colher de sopa de endro seco

- 1 cebola doce grande, como uma Vidalia

instruções

a) Massa fresca em uma pedra de pizza. Polvilhe uma casca de pizza levemente com farinha. Adicione a massa e forme-a em um grande círculo, fazendo covinhas com as pontas dos dedos. Pegue-o, segure sua borda e gire-o lentamente, esticando-o o tempo todo, até que tenha cerca de 14 polegadas de diâmetro. Coloque a massa com o lado enfarinhado para baixo na casca.

b) Massa fresca em uma bandeja de pizza. Unte a assadeira ou assadeira com spray antiaderente. Coloque a massa no centro da massa com as pontas dos dedos até que fique um círculo espesso e achatado - em seguida, puxe e pressione a massa até formar um círculo de 14 polegadas na bandeja ou um retângulo irregular de 12 × 7 polegadas na assadeira.

c) Uma crosta assada. Coloque-o em uma casca de pizza se estiver usando uma pedra de pizza - ou coloque a crosta assada em uma bandeja de pizza. Enquanto o forno ou a grelha aquece, ferva cerca de 2,5 cm de água em uma panela grande equipada com um vaporizador de legumes. Adicione as batatas, cubra, reduza o fogo para médio e cozinhe no vapor até ficar macio quando perfurado com um garfo, cerca de 10 minutos. Transfira para uma peneira colocada na pia e deixe esfriar por 5 minutos, depois corte em rodelas bem finas.

d) Espalhe o chutney uniformemente sobre a crosta preparada, deixando cerca de 1/2 polegada de borda na borda. Cubra uniformemente com o Monterey Jack ralado. Arrume as fatias de batata de maneira uniforme e decorativa sobre a torta e polvilhe com o endro. Corte a cebola ao meio pelo caule. Coloque-o com o lado cortado para baixo em sua tábua de corte e use uma faca bem afiada para fazer fatias finas como papel. Separe essas fatias em suas tiras individuais e coloque-as sobre a torta.

e) Deslize a torta da casca para a pedra bem quente, tomando cuidado para manter os topos no lugar ou coloque a torta em sua assadeira ou assadeira no forno ou na seção da grelha da grelha que não está diretamente sobre o calor fonte. Asse ou grelhe com a tampa fechada até que a crosta fique levemente dourada na borda, ainda mais escura na parte inferior, 16 a 18 minutos. Se surgirem bolhas de ar na borda ou no meio da massa fresca, estoure-as com um garfo para produzir uma crosta uniforme.

f) Deslize a casca de volta sob a torta quente na pedra ou transfira a torta em sua bandeja ou assadeira para uma gradinha. Deixe esfriar por 5 minutos antes de cortar e servir.

18. Pizza de presunto e rúcula

Ingrediente

- Farinha de uso geral para a casca da pizza ou azeite para a bandeja da pizza
- 1 massa caseira
- 1/4 xícara de molho de pizza clássico
- 3 onças de mussarela fresca, em fatias finas
- 1/2 xícara de folhas de rúcula embaladas, hastes grossas removidas 2 onças de presunto,
- colher de sopa de vinagre balsâmico

instruções

a) Massa fresca em uma pedra de pizza. Polvilhe uma casca de pizza com farinha, coloque a massa no centro e molde a massa em um círculo grande e achatado com as pontas dos dedos. Pegue-o e molde-o com as mãos, segurando a borda, girando-o lentamente e esticando-o até que tenha cerca de 14 polegadas de diâmetro. Coloque a massa moldada com o lado enfarinhado para baixo na casca.

b) Massa fresca em uma bandeja de pizza. Unte levemente com um pouco de azeite embebido em uma toalha de papel. Coloque a massa na assadeira ou assadeira faça covinhas na massa com as pontas dos dedos - em seguida, puxe e pressione até formar um círculo de 14 polegadas na bandeja ou um retângulo bastante irregular de 12 × 7 polegadas na assadeira.

c) Coloque-o em uma casca de pizza enfarinhada se estiver usando uma pedra de pizza - ou coloque a crosta assada em uma bandeja de pizza. Espalhe o molho de pizza uniformemente sobre a crosta, deixando uma borda de 1/2 polegada na borda. Disponha as fatias de mussarela uniformemente sobre a torta, mantendo essa borda limpa.

d) Coloque as folhas de rúcula sobre a torta e cubra com as tiras de presunto. Deslize a pizza da casca para a pedra quente ou coloque a torta em sua bandeja ou assadeira com a pizza no forno ou na seção da grelha que não está diretamente sobre a fonte de calor.

e) Asse ou grelhe com a tampa fechada até que a crosta fique dourada e um pouco firme e o queijo tenha derretido, 14 a 16 minutos. Se estiver trabalhando com massa fresca, verifique-a durante os primeiros 10 minutos para que você possa estourar as bolhas que possam surgir, principalmente na borda. Deslize a casca de volta sob a torta quente para tirá-la da pedra ou transfira a torta em sua bandeja ou assadeira para uma gradinha. Regue a torta com o vinagre balsâmico e deixe esfriar por 5 minutos antes de cortar.

19. Reuben Pizza

Ingrediente

- Farinha de uso geral para a casca ou spray antiaderente para a bandeja de pizza ou assadeira

- 1 massa caseira

- 3 colheres de sopa de mostarda

- 1 xícara de chucrute escorrido

- 6 onças Swiss, Emmental, Jarlsberg ou Jarlsberg Light, picado

- 4 onças de carne enlatada deli cozida, cortada em fatias grossas e picada

instruções

a) Massa fresca em uma pedra de pizza. Polvilhe uma casca de pizza com farinha e coloque a massa no centro. Forme a massa em um grande círculo, fazendo covinhas com as pontas dos dedos.

b) Pegue-o e molde-o com as mãos, segurando sua borda, girando lentamente a massa e esticando suavemente sua borda até que tenha cerca de 14 polegadas de diâmetro. Coloque o lado enfarinhado para baixo na casca.

c) Massa fresca em uma bandeja de pizza. Unte qualquer um com spray antiaderente. Coloque a massa no centro de qualquer um e faça covinhas na massa com as pontas dos dedos até que fique um círculo grosso e achatado - em seguida, puxe e pressione a massa até formar um círculo de 14 polegadas na bandeja de pizza ou um retângulo irregular de 12 × 7 polegadas na assadeira.

d) Uma crosta assada. Coloque-o em uma casca de pizza se estiver usando uma pedra de pizza - ou coloque a crosta assada em uma bandeja de pizza.

e) Espalhe a mostarda uniformemente sobre a crosta preparada, deixando uma borda de 1/2 polegada na borda. Espalhe o chucrute uniformemente sobre a mostarda.

f) Cubra a torta com o queijo ralado, depois a carne enlatada picada. Deslize cuidadosamente a pizza da casca para a pedra aquecida ou coloque a torta em sua assadeira ou assadeira no forno ou sobre a parte da grelha não diretamente sobre o calor ou sobre as brasas.

g) Asse ou grelhe com a tampa fechada até que a crosta esteja firme e dourada e até que o queijo derreta e doure um pouco, 16 a 18 minutos. Se surgirem bolhas de ar na massa fresca, principalmente na borda, estoure-as para obter uma crosta uniforme. Deslize a casca de volta sob a pizza, tomando cuidado para não desalojar a cobertura, para remover a torta da pedra quente ou transferir a torta em sua bandeja ou assadeira para uma gradinha. Deixe esfriar por 5 minutos antes de cortar e servir.

20. Pizza de Raízes Assadas

Ingrediente

- Farinha de trigo para polvilhar a casca da pizza ou azeite para untar a forma da pizza
- 1 massa caseira
- 1/2 cabeça de alho grande
- 1/2 batatas-doces pequenas, descascadas, cortadas ao meio no sentido do comprimento e em fatias finas
- 1/2 bulbo de erva-doce pequeno, cortado ao meio, aparado e em fatias finas
- 1/2 pastinagas pequenas, descascadas, cortadas ao meio longitudinalmente e em fatias finas
- 1 colher de azeite
- 1/2 colher de chá de sal
- 4 onças (1/4 libra) de mussarela, ralada
- 1 onça parmegiana, finamente ralada
- 1 colher de sopa de vinagre balsâmico xaroposo

instruções

a) Massa fresca em uma pedra de pizza. Polvilhe uma casca de pizza levemente com farinha. Adicione a massa e forme-a em um grande círculo, fazendo covinhas com as pontas dos dedos. Pegue-o, segure-o pela borda com as duas mãos e gire-o lentamente, esticando a borda um pouco a cada vez, até que o círculo tenha cerca de 14 polegadas de diâmetro. Coloque o lado enfarinhado para baixo na casca.

b) Massa fresca em uma bandeja de pizza. Unte a assadeira ou assadeira com um pouco de azeite umedecido em papel toalha. Coloque a massa no centro da massa com as pontas dos dedos - em seguida, puxe e pressione até formar um círculo de 14 polegadas na bandeja ou um retângulo irregular, cerca de 12 × 7 polegadas, na assadeira.

c) Uma crosta assada. Coloque-o em uma casca de pizza enfarinhada se estiver usando uma pedra de pizza - ou coloque a crosta assada em uma bandeja de pizza.

d) Enrole os dentes de alho com casca em um pequeno pacote de papel alumínio e asse ou grelhe diretamente no fogo por 40 minutos.

e) Enquanto isso, misture a batata-doce, o funcho e a pastinaca em uma tigela grande com o azeite e o sal. Despeje o conteúdo da tigela em uma assadeira grande. Coloque no forno ou sobre a seção não aquecida da grelha e asse, virando ocasionalmente, até ficar macio e doce, 15 a 20 minutos.

f) Transfira o alho para uma tábua de cortar e abra o pacote, tomando cuidado com o vapor. Também coloque a assadeira com os legumes de lado em uma gradinha.

g) Aumente a temperatura do forno ou da churrasqueira a gás para 450 ° F, ou adicione mais alguns carvões à churrasqueira a carvão para aumentar um pouco o calor.

h) Espalhe a mussarela ralada sobre a crosta preparada, deixando uma borda de 1/2 polegada na borda. Cubra o queijo com todos os legumes e esprema o alho macio e polpudo para fora de suas cascas de papel e sobre a torta. Cubra com a Parmegiana ralada.

i) Deslize a pizza da casca para a pedra quente ou coloque a pizza em sua bandeja ou assadeira no forno ou na seção não aquecida da grelha. Asse ou grelhe com a tampa fechada até que a crosta fique dourada e até escurecer um pouco no fundo, até que o queijo derreta e comece a dourar, 16 a minutos. A massa fresca pode desenvolver algumas bolhas de ar durante os primeiros 10 minutos; particularmente na borda, estale-os com um garfo para garantir uma crosta uniforme.

j) Deslize a casca de volta sob a crosta para tirá-la da pedra quente ou transfira a pizza em sua bandeja ou assadeira para uma gradinha. Reserve por 5 minutos. Para manter a crosta crocante, você pode transferir a torta da casca, bandeja ou folha de farinha diretamente para a gradinha para esfriar após um minuto ou mais. Depois de esfriar um pouco, regue a torta com o vinagre balsâmico e corte em fatias para servir.

21. Pizza de salsicha e maçã

Ingrediente

- Fubá amarelo para polvilhar a casca da pizza ou spray antiaderente para untar a bandeja da pizza
- 1 massa caseira,
- 1 colher de azeite
- onças (1/2 libra) de salsicha de frango ou peru
- 1 colher de sopa de mostarda moída grosseira
- 6 onças Fontina, desfiado
- 1 maçã verde pequena, de preferência uma maçã azeda
- 2 colheres de sopa de folhas de alecrim picadas
- 1 1/2 onças Parmegiana, Pecorino ou Grana Padano, ralada finamente

instruções

a) Massa fresca em uma pedra de pizza. Polvilhe uma casca de pizza levemente com farinha de milho. Adicione a massa e forme-a em um grande círculo, fazendo covinhas com as pontas dos dedos. Pegue-o e molde-o segurando sua borda com as duas mãos, girando-o lentamente e esticando-o suavemente o tempo todo, até que o círculo tenha cerca de 14 polegadas de diâmetro. Coloque a massa com o lado da farinha de milho para baixo na casca.

b) Massa fresca em uma bandeja de pizza. Unte um ou outro com spray antiaderente. Coloque a massa no centro de qualquer covinha da massa com as pontas dos dedos até que fique um círculo grosso e plano. Em seguida, puxe e pressione até formar um círculo de 14 polegadas na bandeja ou um retângulo irregular de 12 × 7 polegadas na assadeira.

c) Uma crosta assada. Coloque-o em uma casca de pizza polvilhada com fubá se estiver usando uma pedra de pizza - ou coloque a crosta assada em uma bandeja de pizza. Aqueça uma frigideira grande em fogo médio. Regue com o azeite e, em seguida, adicione a linguiça. Cozinhe, virando de vez em quando, até dourar bem de todos os lados e cozinhar. Transfira para uma tábua de corte e corte em rodelas finas. Espalhe a mostarda uniformemente sobre a crosta preparada, deixando uma borda de 1/2 polegada na borda. Cubra com a Fontina desfiada e coloque a linguiça fatiada uniformemente sobre a torta. Coloque as fatias de maçã entre as rodelas de salsicha, depois polvilhe com uma das ervas picadas e o queijo ralado.

d) Deslize a pizza da casca para a pedra muito quente se você usou uma bandeja de pizza ou uma assadeira, coloque-a com a torta no forno ou sobre a seção não aquecida da grelha. Asse ou grelhe com a tampa fechada até que o queijo derreta e esteja borbulhando e a crosta comece a dourar nas bordas, até um marrom mais escuro na parte de baixo, 16 a 18 minutos. Se estiver trabalhando com massa fresca, estoure as bolhas de ar que surgirem na borda durante os primeiros 10 minutos de cozimento ou grelha.

e) Deslize a casca de volta sob a torta para tirá-la da pedra ou transfira a torta em sua bandeja ou assadeira para uma gradinha.

22. Pizza Shitake

Ingrediente

- Farinha de uso geral para a casca da pizza ou spray antiaderente para a bandeja da pizza
- 1 massa caseira,
- 8 onças (1/2 libra) de tofu macio e sedoso
- 6 onças de tampas de cogumelo shiitake, hastes removidas e descartadas, tampas em fatias finas
- 3 cebolinhas médias, em fatias finas
- 2 colheres de chá de pasta de pimenta vermelha asiática
- 2 colheres de chá de gengibre fresco descascado picado
- 1 colher de chá de molho de soja normal ou com baixo teor de sódio
- 1 colher de chá de óleo de gergelim torrado

instruções

a) Massa fresca em uma pedra de pizza. Polvilhe uma casca de pizza levemente com farinha.

Coloque a massa no centro e forme a massa em um círculo grosso e plano, fazendo covinhas com as pontas dos dedos. Pegue-o, segure-o pela borda com as duas mãos e gire-o, esticando-o lentamente na borda, até que o círculo tenha cerca de 14 polegadas de diâmetro. Coloque o lado enfarinhado para baixo na casca.

b) Massa fresca em uma bandeja de pizza. Unte a assadeira ou assadeira com spray antiaderente. Coloque a massa em qualquer covinha da massa com as pontas dos dedos - em seguida, puxe e pressione até formar um círculo de 14 polegadas na bandeja ou um retângulo irregular de 12 × 7 polegadas na assadeira.

c) Uma crosta assada. Coloque-o em uma casca de pizza se estiver usando uma pedra de pizza - ou coloque a crosta assada em uma bandeja de pizza.

d) Processe o tofu em um processador de alimentos equipado com a lâmina de corte até ficar homogêneo e cremoso. Espalhe sobre a crosta preparada, certificando-se de deixar uma borda de 1/2 polegada na borda.

e) Cubra o tofu com as tampas de cogumelos fatiadas e cebolinha. Polvilhe a pasta de pimenta, gengibre, molho de soja e óleo de gergelim uniformemente sobre as coberturas. Deslize a torta da casca para a pedra quente ou coloque a torta em sua bandeja ou assadeira no forno ou sobre a seção não aquecida da grelha.

f) Asse ou grelhe com a tampa fechada até que a crosta fique dourada e um pouco firme ao toque, 16 a 18 minutos. Verifique a massa fresca algumas vezes para se certificar de que não há bolhas de ar, principalmente na borda, se houver, estoure-as com um garfo para garantir uma crosta uniforme. Uma vez feito, deslize a casca de volta sob a torta para tirá-la da pedra quente ou transfira a torta em sua bandeja ou assadeira para uma gradinha. Deixe esfriar por 5 minutos antes de cortar e servir.

23. Pizza de espinafre e ricota

Ingrediente

- Ou farinha de trigo para polvilhar a casca da pizza
- 1 massa caseira
- 2 colheres de óleo de canola
- 3 dentes de alho, picados
- 6 onças de folhas de espinafre baby
- 1/4 colher de chá de noz-moscada ralada ou moída
- 1/4 colher de chá de flocos de pimenta vermelha
- 1/2 xícara de vinho branco seco ou vermute seco
- 1/4 xícara de ricota normal, com baixo teor de gordura ou sem gordura
- 11/2 onças Parmegiana, finamente ralada
- 1/2 colher de chá de sal
- 1/2 colher de chá de pimenta preta moída na hora

instruções

a) Massa fresca em uma pedra de pizza. Polvilhe uma casca de pizza levemente com farinha. Adicione a massa e forme-a em um grande círculo, fazendo covinhas com as pontas dos dedos. Pegue-o e molde-o com as mãos, segurando sua borda, girando lentamente a massa e esticando sua borda até que tenha cerca de 14 polegadas de diâmetro. Coloque a massa com o lado enfarinhado para baixo na casca.

b) Massa fresca em uma bandeja de pizza. Unte a assadeira ou assadeira com spray antiaderente. Coloque a massa na covinha da massa com as pontas dos dedos até que fique um círculo grosso e plano - depois puxe e pressione até formar um círculo de 14 polegadas na bandeja ou um retângulo irregular de 12 × 7 polegadas na assadeira.

c) Uma crosta assada. Coloque-o em uma casca de pizza se estiver usando uma pedra de pizza - ou coloque a crosta assada em uma bandeja de pizza. Aqueça uma frigideira grande em fogo médio. Regue com o azeite, em seguida, adicione o alho e cozinhe por 30 segundos. Misture os flocos de espinafre, noz-moscada e pimenta vermelha apenas até que as folhas comecem a murchar e despeje o vinho. Cozinhe, mexendo sempre, até que o espinafre murche completamente e a frigideira esteja quase seca. Retire a frigideira do fogo e misture a ricota, a parmegiana ralada, sal e pimenta até ficar bem homogêneo.

d) Espalhe a mistura de espinafre sobre a crosta preparada, deixando uma borda de 1/2 polegada na borda. Deslize a pizza da casca para a pedra quente ou coloque a pizza em sua bandeja ou assadeira no forno ou sobre a seção não aquecida da grelha.

e) Asse ou grelhe com a tampa fechada até que o recheio esteja firme e levemente dourado, até que a crosta fique um pouco firme, 16 a 18 minutos. Deslize a casca de volta sob a pizza para removê-la da pedra quente ou transfira a torta em sua bandeja ou assadeira para uma gradinha. Deixe esfriar por 5 minutos antes de cortar e servir. Para garantir uma crosta crocante, transfira a torta da casca, bandeja ou assadeira diretamente para a gradinha após alguns minutos.

24. Pizza de salada de rúcula

Ingrediente

- Um 16 onças. embalar massa de pizza integral refrigerada ou massa de pizza integral
- Fubá
- 1/3 xícara de molho marinara
- 1½ colheres de chá de orégano seco
- 1 xícara de queijo vegetal ralado
- 2 xícaras de mix de rúcula fresca e espinafre baby
- 1 ½ xícaras de tomate cereja fresco (amarelo), cortado ao meio
- ½ pimentão vermelho médio, em cubos
- 1 abacate médio maduro, fatiado ¼ xícara de pistache torrado
- 1 colher de vinagre balsâmico

instruções

a) Pré-aqueça o forno a 350 ° F. Abra a massa de pizza para caber em uma forma de pizza de 14 polegadas ou pedra de pizza. Polvilhe a fôrma ou pedra com fubá e coloque a massa por cima. Espalhe o molho marinara na massa e polvilhe o orégano e o queijo vegetal por cima. Coloque a forma ou a pedra no forno e asse por 30 a 35 minutos, até que a crosta esteja dourada e firme ao toque.

b) No último minuto antes de servir, retire a crosta do forno e cubra com a rúcula e espinafre baby, tomate, pimentão, abacate e pistache. Os verdes vão murchar rapidamente. Regue com o vinagre e o azeite. Sirva imediatamente.

25. Pizza Abacate 'N Everything

Ingrediente

- 2 xícaras de mistura de fermento
- 1/2 xícara de água quente
- 1 lata (8 onças) de molho de tomate
- 1/4 xícara de cebolinha verde picada
- 1/2 xícara de queijo mussarela ralado
- 1/2 xícara de cogumelos fatiados
- 1/3 xícara de azeitonas maduras fatiadas
- 1 tomate pequeno, fatiado
- 2 colheres de azeite
- 1 abacate, sem sementes, descascado e fatiado
  Folhas de manjericão fresco, opcional

instruções

a) Aqueça o forno a 425F. Misture a mistura de leitelho e água com um garfo em uma tigela pequena. Pat ou rolo em círculo de 12 polegadas na assadeira não untada ou forma de pizza.

b) Misture o molho de tomate e a cebolinha espalhada sobre a massa de pizza. Cubra com queijo, cogumelos, azeitonas e fatias de tomate. Regue o azeite por cima.

c) Asse por 15 a 20 minutos ou até que a borda da crosta esteja dourada. Retire a pizza do forno e arrume as fatias de abacate por cima. Decore com folhas de manjericão e sirva.

26.   Pizza de frango de churrasco

Ingrediente

- 3 metades de peito de frango desossado, cozido e em cubos
- 1 xícara de molho barbecue com sabor de nogueira
- 1 colher de mel
- 1 colher de chá de melado
- 1/3 xícara de açúcar mascavo
- 1/2 maço de coentro fresco, picado
- 1 (12 polegadas) massa de pizza pré-assada
- 1 xícara de queijo Gouda defumado, ralado
- 1 xícara de cebola roxa em fatias finas

instruções

a) Pré-aqueça o forno a 425F. Em uma panela em fogo médio, misture o frango, o molho de churrasco, o mel, o melaço, o açúcar mascavo e o coentro. Leve para ferver.

b) Espalhe a mistura de frango uniformemente sobre a massa de pizza e cubra com queijo e cebola.
c) Asse por 15 a 20 minutos, ou até o queijo derreter.

27. Pizza de morango para churrasco

Ingrediente

- 1 massa de pizza (pré-feita da mercearia é uma grande economia de tempo)
- 250 gramas (1 xícara) de queijo boursin (ervas finas e alho)
- 2 colheres de sopa de balsâmico
- 2 xícaras de morangos fatiados
- 1/3 xícara de manjericão picado
- pimenta a gosto
- 1 colher de sopa de azeite para regar
- lascas de parmesão para decorar

instruções

a) Cozinhe a massa de pizza na churrasqueira (fogo alto) ou no forno.
b) Retire do fogo e espalhe o cream cheese com ervas.
c) Polvilhe com manjericão e morangos. Regue com azeite e glacê balsâmico e decore com pimenta (a gosto) e lascas de parmesão

28.   Pizza profunda de brócolis

Ingrediente

- 1pacote fermento seco
- 1 1/3 xícara de água morna
- 1 t de açúcar
- 3 1/2 xícaras de farinha sem fermento
- 1 c. de farinha para bolo
- 1 1/2 t sal
- 1 c mais 2 colheres de azeite
- 3 t de alho picado
- (1) molho de tomate de 15 onças
- (1) 12-oz pode pasta de tomate
- 2 t orégano
- 2 t de manjericão
- 2 c cogumelos fatiados Sal e pimenta
- 1 libra de salsicha italiana (quente ou doce)
- 1/2 t de sementes de erva-doce trituradas

- 2 colheres de sopa de manteiga
- 8 c brócolis escaldados e picados grosseiramente
- 1T de encurtamento
- 3 1/2 xícara de queijo mussarela ralado
- 1/2 xícara de queijo parmesão ralado

instruções

a) Dissolva o fermento na água morna e misture o açúcar. Misture as farinhas e o sal e, aos poucos, adicione o fermento dissolvido e 1/4 xícara de óleo. Amasse até que a textura fique lisa. Coloque em uma tigela grande, cubra com filme plástico e deixe crescer até triplicar de volume (2-3 horas).

b) Enquanto isso, prepare os recheios. Aqueça 1/4 de xícara de óleo em uma frigideira, adicione 2 colheres de alho e cozinhe por 30 segundos (sem dourar). Junte o molho de tomate e a pasta, cozinhe até engrossar. Misture o manjericão e o orégano, reserve para esfriar.

c) Coloque 2 colheres de azeite e refogue os cogumelos até dourar levemente e o líquido evaporar. Tempere a gosto e reserve para esfriar.
d) Retire e descarte as tripas da linguiça, esfarele e adicione a linguiça à panela junto com o funcho. Cozinhe bem, retire e deixe esfriar. Aqueça a manteiga e 2 T de óleo em 1 t de alho e mexa por 30 segundos. Misture o brócolis até ficar bem coberto e todo o líquido evaporar. Tempere a gosto reserve.

e) Quando a massa crescer, soque. Corte cerca de 2/5 e reserve. Unte uma forma de pizza funda de 14 x 1 1/2 "com o encurtamento. Em uma tábua enfarinhada, abra 3/5 da massa em um círculo de 20". Encaixe na assadeira, deixando o excesso de massa pendurado nas laterais. Pincele a massa com 1 T de óleo polvilhe com sal. Polvilhe 1 c da mussarela sobre a massa.
f) Espalhe o molho de tomate sobre o queijo, espalhe os cogumelos sobre os tomates e cubra com 1 c de mussarela.

g) Estenda a massa restante para aproximadamente um círculo de 14 ". Escove os lados da massa dentro da panela com água. Encaixe o círculo de 14" na panela.
h) Pressione as bordas (puxe se necessário) contra a massa umedecida para selá-la. Apare a massa pendente para 1/2 "e molhe novamente.
i) Dobre para dentro e dobre para formar uma borda elevada ao redor da borda da panela. Corte uma saída de vapor na camada superior da massa e pincele com 1 T de óleo. Espalhe a linguiça sobre a massa e cubra com o brócolis.
j) Combine os queijos restantes e polvilhe o brócolis regue com 1/4 c de óleo.
k) Asse em forno pré-aquecido a 425 graus por 30-40 minutos. Congela bem.

29.   Tortas de pizza de frango com búfala

Ingrediente

- Um pacote de 12 onças de muffins ingleses de trigo integral (6 muffins)
- 1 pimentão laranja médio, cortado em cubos de ¼ de polegada (cerca de 1 ¼ xícaras)
- 1 colher de óleo de canola
- 12 onças de metades de peito de frango desossadas e sem pele, cortadas em dados de ½ polegada
- Meia xícara de molho de macarrão
- 1 colher de sopa de molho de búfala
- 1 colher de sopa de molho de queijo azul
- 1 a 1 ½ xícaras de queijo mussarela parcialmente desnatado ralado

instruções

a) Pré-aqueça o forno a 400 ° F. Corte os muffins ingleses ao meio e coloque em uma assadeira. Asse no forno por cerca de 5 minutos. Retire e reserve. Aqueça o óleo em uma frigideira grande antiaderente em fogo médio-alto. Adicione o pimentão e cozinhe, mexendo sempre, até ficar macio, cerca de 5 minutos.

b) Adicione o frango e cozinhe até não ficar mais rosado, 3 a 5 minutos. Junte o molho de macarrão, o molho Buffalo e o molho de queijo azul e misture bem.

c) Para montar as pizzas, cubra cada muffin pela metade com a mistura de frango. Polvilhe o queijo uniformemente por cima de cada um. Asse até o queijo derreter, cerca de 5 minutos.

30.   Pizza Califórnia

Ingrediente

- 1 xícara de azeite
- 2 xícaras de folhas de manjericão fresco
- 2 dentes de alho, picados
- 3 colheres de pinhão
- 1/2 xícara de queijo parmesão ralado na hora
- 1 cebola, em fatias finas
- 1 pimentão vermelho doce, sem sementes e cortado em tiras
- 1 pimentão verde, sem sementes e cortado em tiras
- 2 colheres de azeite
- 1 colher de água
- 1/2 libra de salsicha de alho e erva-doce ou salsicha doce italiana 3 onças de queijo de cabra
- 10 onças de queijo mussarela, ralado grosso

- 2 colheres de sopa de queijo parmesão ralado na hora
- 2 colheres de farinha de milho

Instruções:

a) Prepare a massa Dissolva o fermento na água e reserve. Misture a farinha, o sal e o açúcar em uma tigela. Faça um "poço" no centro, despeje a solução de fermento e o azeite. Misture a farinha com um garfo.
b) À medida que a massa ficar dura, incorpore a farinha restante à mão. Junte em uma bola e amasse de oito a dez minutos em uma tábua enfarinhada. Coloque em uma tigela untada com óleo, cubra com um pano úmido e deixe crescer em um local quente e sem correntes de ar até dobrar de tamanho, aproximadamente duas horas.
c) Prepare o molho pesto usando um liquidificador ou processador de alimentos. Junte tudo menos o queijo. Processe, mas não crie um purê. Misture o queijo. Definir lado. Refogue a cebola e o pimentão em uma colher de sopa de azeite e água em uma frigideira grande

em fogo médio. Mexa com frequência até que os pimentões estejam macios. Escorra e reserve. Salsicha marrom, quebrando em pedaços enquanto cozinha. Escorra o excesso de gordura. Pique grosseiramente e reserve.

d) Pré-aqueça o forno a 400 graus. Espalhe o azeite restante uniformemente sobre uma forma de pizza de 12 polegadas. Polvilhe com fubá. Perfure a massa de pizza, achate levemente com um rolo, vire e achate com os dedos. Coloque a massa na assadeira e espalhe nas bordas com as pontas dos dedos. Asse cinco minutos. Espalhe o molho pesto sobre a massa. Esfarele o queijo de cabra uniformemente sobre o pesto. Adicione as cebolas e pimentões, salsicha e queijos. Asse por 10 minutos ou até que a crosta esteja levemente marrom e o queijo esteja borbulhando.

31.   Pizza de Cebola Caramelizada

Ingrediente

- 1/4 xícara de azeite para fritar a cebola
- 6 xícaras de cebolas em fatias finas (aproximadamente 3 libras)
- 6 dentes de alho
- 3 colheres de sopa. tomilho fresco ou 1 colher de sopa. tomilho seco
- 1 folha de louro
- sal e pimenta
- 2 colheres de sopa. óleo para pingar em cima da pizza (opcional)
- 1 colher de sopa. alcaparras drenadas
- 1-1/2 colheres de sopa. pinhões

Instruções:

a) Aqueça 1/4 xícara de azeite e adicione a cebola, o alho, o tomilho e a folha de louro. Cozinhe, mexendo ocasionalmente, até que a maior parte da umidade tenha evaporado e a mistura de cebola fique bem macia, quase lisa e caramelizada, cerca de 45 minutos. Descarte a folha de louro e tempere com sal e pimenta.

b) Cubra a massa com a mistura de cebola, polvilhe com alcaparras e pinhões e regue com o azeite restante, se estiver usando.

c) Asse em forno pré-aquecido a 500 graus por 10 minutos ou até dourar. O tempo de cozimento vai variar dependendo se você assar em uma pedra, uma tela ou em uma panela.

d) Certifique-se de que o forno está bem pré-aquecido antes de colocar a pizza.

32. Calzone de Queijo

Ingrediente

- 1kg de queijo ricota
- 1 xícara de mussarela ralada
- pitada de pimenta preta
- Massa de pizza estilo NY
- Pré-aqueça o forno a 500F.

Instruções:

a) Pegue um 6 onças. bola de massa e coloque em superfície enfarinhada. Espalhe, com as pontas dos dedos, em um círculo de 6 polegadas. Coloque 2/3 xícara de queijo
b) misture de um lado e dobre do outro lado. Sele com as pontas dos dedos, certificando-se de que não haja mistura de queijo no selo. Aperte a borda para garantir uma vedação firme. Pat calzone para encher uniformemente por dentro. Verifique novamente a vedação quanto a vazamentos. Repita com os outros.
c) Coloque os calzones em uma assadeira levemente untada. Corte uma fenda de 1 polegada na parte superior de cada um

para ventilação durante o cozimento. Coloque no centro do forno e asse por 10-12 minutos ou até dourar. Sirva com seu molho de tomate favorito, aquecido, por cima ou ao lado para mergulhar.

33. Pizza de Amêndoa e Cereja

Ingrediente

- Massa
- 2 claras de ovo
- 125g (4 onças - 3/4 xícara) de amêndoas moídas
- 90g (3 onças - 1/2 xícara) de açúcar refinado algumas gotas de essência de amêndoa
- 750g (1 1/2 lb) de cerejas Morello em suco
- 60g (2 onças - 1/2 xícara) amêndoas em flocos
- 3 colheres de sopa de geléia de cereja Morel0o açúcar de confeiteiro para polvilhar
- chantilly, para decorar

instruções

a) Pré-aqueça o forno a 220C (425F. Gás 7)

b) Em uma tigela, bata levemente as claras em neve. Junte as amêndoas moídas, o açúcar de confeiteiro e a essência de amêndoas. Espalhe a mistura uniformemente sobre a base da pizza.

c) Escorra as cerejas, reservando o suco. Colher sobre a pizza, reservando algumas para decoração. Polvilhe com lascas de amêndoas e leve ao forno por 20 minutos até a massa ficar crocante e dourada.

d) Enquanto isso, em uma panela, aqueça o suco reservado e a geléia até formar um xarope. Polvilhe a pizza cozida com açúcar de confeiteiro e decore com chantilly e cerejas reservadas.

34.   Pizza estilo Chicago

Ingrediente

- 1 xícara de molho de pizza
- 12 oz. Queijo mussarela ralado
- 1/2 libra de carne moída, desintegrada, cozida
- 1/4 libra de salsicha italiana, desintegrada, cozida
- 1/4 lb. Salsicha de porco, desintegrada, cozida
- 1/2 xícara de Pepperoni, em cubos
- 1/2 xícara de bacon canadense, em cubos
- 1/2 xícara de presunto, em cubos
- 1/4 lb. Cogumelos, fatiados
- 1 cebola pequena, fatiada
- 1 pimentão verde, sem sementes, fatiado
- 2 onças. Queijo parmesão ralado

instruções

a) Para a massa, polvilhe o fermento e o açúcar em água morna em uma tigela pequena e deixe descansar até espumar, cerca de 5 minutos.

b) Misture a farinha, o fubá, o óleo e o sal em uma tigela grande, faça um buraco no centro e adicione a mistura de fermento. Mexa para formar uma massa macia, adicionando mais farinha, se necessário. Vire em uma tábua enfarinhada e amasse até que a massa fique macia e elástica, de 7 a 10 minutos. Transfira para uma tigela grande, cubra e deixe crescer em um local quente até que a massa dobre, cerca de 1 hora. Soco para baixo.

c) Enrole a massa em um círculo de 13 polegadas. Transfira para uma forma de pizza de 12 polegadas untada com óleo, dobrando o excesso para fazer uma pequena borda. Espalhe com molho de pizza polvilhe com tudo, exceto um punhado de queijo mussarela. Polvilhe com carnes e legumes. Cubra com a mussarela restante e o queijo parmesão. Deixe crescer em um local quente por cerca de 25 minutos.

d) Aqueça o forno a 475 graus. Asse a pizza até a crosta ficar dourada, cerca de 25 minutos. Deixe repousar 5 minutos antes de cortar.

35. Pizza profunda

Ingrediente

- Spray de cozinha antiaderente, para pulverizar o acessório do fogão lento
- 8 onças de massa de pizza preparada (se refrigerada, deixe crescer em uma tigela untada com óleo por
- 2 horas)
- 8 onças de queijo mussarela fatiado (não ralado)
- 8 onças de pepperoni em fatias finas, de preferência tamanho de sanduíche
- 1/2 xícara de molho de pizza comprado na loja
- 1 colher de sopa de parmesão ralado
- 6 folhas de manjericão fresco, cortadas em chiffonade
- Pique pimenta vermelha esmagada

instruções

a) Pré-aqueça o fogão lento em alta por 20 minutos. Pulverize a inserção com spray de cozinha antiaderente.
b) Em uma superfície limpa, estique, enrole e molde a massa aproximadamente na mesma forma que a inserção do fogão lento. O objetivo é uma crosta bonita e fina. Coloque na assadeira e espalhe se necessário. Cozinhe em fogo alto, DESCOBERTO, por 1 hora sem coberturas.
c) Jogue as fatias de mussarela sobre a massa e suba as laterais cerca de 1 polegada acima da crosta. Sobreponha cada fatia, movendo-se em um círculo no sentido horário até que o perímetro seja coberto. Coloque mais 1 fatia para cobrir o espaço vazio no meio, se necessário. Faça uma camada de pepperoni da mesma forma que fez com o queijo.
d) Siga com uma pequena camada do molho de pizza.
e) Polvilhe com o parmesão.
f) Cozinhe em fogo alto até que a crosta de queijo esteja escura e caramelizada e o fundo esteja firme e marrom, mais uma hora. Retire cuidadosamente do fogão lento usando uma espátula.

g) Decore com o manjericão e pimenta vermelha esmagada.

36.   pizza holandesa de forno

Ingrediente

- 2 pacotes. rolos crescentes
- 1 pote de molho de pizza
- 1 1/2 libra de carne moída
- 8 onças de queijo cheddar ralado
- 8 onças de queijo mussarela ralado
- 4 onças de pepperoni
- 2 colheres de chá de orégano
- 1 colheres de chá de alho em pó
- 1 colher de chá de cebola em pó

instruções

a) Carne moída marrom, escorra. Forno holandês de linha com 1 pkg. rolos crescentes. Espalhe o molho de pizza na massa.
b) Adicione a carne moída, a calabresa e polvilhe orégano, alho em pó e cebola em pó por cima. Adicione os queijos e use o

segundo pacote. rolos crescentes para formar crosta superior.
c) Asse 30 minutos a 350 graus. Outros, como pimentão verde picado, picado

37. Cones de pizza de salada de ovo

Ingrediente

- 1/4 xícara de molho de salada italiano cremoso com baixo teor de gordura engarrafado

- 1/2 colher de chá de tempero italiano, esmagado

- 6 ovos cozidos, picados

- 1/4 xícara de cebolinha verde fatiada com tops

- 1/4 xícara de calabresa picada

- 6 casquinhas de sorvete simples

- Cogumelos picados, pimentão verde, azeitonas pretas a gosto

- 3/4 xícara de molho de pizza

- 2 colheres de queijo parmesão ralado

instruções

a) Em uma tigela média, misture o molho e os temperos. Junte os ovos, a cebola e o pepperoni. Cubra e refrigere até estar pronto para servir.

b) Para servir, coloque cerca de 1/3 xícara da mistura em cada cone. Cubra com cerca de 2 colheres de sopa de molho de pizza e cogumelos, pimentas e azeitonas, conforme desejado. Polvilhe cada um com cerca de 1 colher de chá de queijo.

38. Pizza de figo, taleggio e radicchio

Ingrediente

- 3 figos de missão secos
- ½ xícara de vinho tinto seco
- 2 colheres de sopa de pedaços de nozes cruas'
- Farinha de uso geral
- 1 bola (6 onças) massa de pizza sem amassar
- 2 colheres de azeite extra virgem
- ½ cabeça pequena de radicchio, desfiada (cerca de ¼ xícara)
- 2 onças. Taleggio ou outro queijo pungente, cortado em pedaços pequenos

instruções

a) Pré-aqueça o frango com o rack definido a 5 polegadas do elemento ou chama. Se você estiver usando uma frigideira ou frigideira de ferro fundido para a pizza, coloque-a em fogo médio-alto até ficar quente, cerca de 15 minutos.

b) Transfira a frigideira (virada de cabeça para baixo) ou a assadeira para a grelha.
c) Coloque os figos em uma frigideira pequena em fogo médio, despeje o vinho e deixe ferver. Desligue o fogo e deixe os figos de molho por pelo menos 30 minutos. Escorra e, em seguida, corte em pedaços de $\frac{1}{2}$ polegada. Torre os pedaços de nozes em uma frigideira seca em fogo médio-alto, 3 a 4 minutos. Transfira para um prato, deixe esfriar e pique grosseiramente.
d) Para moldar a massa, polvilhe uma superfície de trabalho com farinha e coloque a bola de massa sobre ela. Polvilhe com farinha e sove algumas vezes até a massa ficar homogênea. Adicione mais farinha se necessário. Forme-o em uma rodada de 8 polegadas pressionando do centro para as bordas, deixando uma borda de 1 polegada mais grossa que o resto.
e) Abra a porta do forno e deslize rapidamente para fora a grelha com a superfície de cozedura. Pegue a massa e transfira-a rapidamente para a superfície de cozimento, tomando cuidado para não tocar na superfície.

f) Regue 1 colher de sopa de óleo na massa, espalhe os pedaços de nozes por cima, depois o radicchio, depois os figos picados e depois o queijo. Deslize o rack de volta para o forno e feche a porta. Grelhe a pizza até que a crosta tenha inchado nas bordas, a pizza tenha escurecido em alguns pontos e o queijo derretido, de 3 a 4 minutos.

g) Retire a pizza com uma casca de madeira ou metal ou um quadrado de papelão, transfira-a para uma tábua de cortar e deixe descansar alguns minutos. Regue 1 colher de sopa de óleo restante por cima, corte a pizza em quatro, transfira-a para um prato e coma.

39. Pizza de manteiga de amendoim congelada

Ingrediente

- 2 massa fina conchas de massa de 12 polegadas
- 2 colheres de sopa de manteiga, amolecida
- 1 8 onças. pacote de queijo creme, amolecido
- 1 xícara de manteiga de amendoim cremosa, amolecida
- 1 1/2 xícaras de açúcar em pó
- 1 xícara de leite
- 1 12 onças. pacote Cool Whip
- calda de chocolate

instruções

a) Pré-aqueça o forno a 400 ° F.
b) Pincele os topos e as bordas das cascas de pizza com manteiga, coloque na grade do forno central e asse por 8 minutos. Retire e esfrie em grades de arame.

c) Em uma tigela grande da batedeira, bata o cream cheese e a manteiga de amendoim, em seguida, adicione o açúcar de confeiteiro em três porções, alternando com o leite.
d) Dobre o Cool Whip descongelado e, em seguida, espalhe a mistura sobre as crostas de pizza resfriadas.
e) Congele até ficar firme. Sirva as pizzas frias, mas não congeladas. Pouco antes de servir, regue com calda de chocolate.

40.   Super pizza grelhada

Ingrediente

- ¼ xícara de molho marinara
- ¼ xícara de espinafre fresco picado
- ¼ xícara de mussarela ralada
- ¼ xícara de tomate cereja cortado em quatro
- 1/8 colher de chá de orégano

instruções

a) Bata a farinha, a água, o óleo e o sal até ficar homogêneo.
b) Despeje a massa na chapa quente borrifada com spray de cozinha.
c) Aqueça cada lado por 4-5 minutos (até que a crosta comece a dourar).
d) Vire a crosta mais uma vez e cubra com molho marinara, espinafre, queijo, tomate e orégano.
e) Aqueça por 3 minutos ou até o queijo derreter.

41.   Pizza Grelhada

Ingrediente

- 1 colher de chá de fermento seco
- 1 colher de óleo de soja
- 1 colher de chá de açúcar
- ½ xícara de água morna (110°F)
- 1 ½ xícara de farinha de pão
- 1 colher de sopa de farinha de soja
- 1 colher de chá de sal

instruções

a) Misture o fermento, o açúcar e ½ xícara de água bem morna em uma tigela, deixe descansar por cinco minutos. Junte a farinha e o sal em uma tigela. Misture a mistura de fermento com tigela contendo seco. Adicione um pouco de farinha extra se a massa estiver pegajosa. Bata por uns bons 10 minutos.

b) Coloque em uma tigela untada e deixe crescer por 60 minutos até dobrar de tamanho. Desenforme sobre uma superfície enfarinhada e amasse levemente até ficar homogêneo. Estenda em um círculo de $\frac{1}{4}$ "de espessura e 12" de diâmetro. Quanto mais fina a massa for enrolada, melhor.

c) Antes de colocar sua crosta na grelha, certifique-se de que sua grelha esteja limpa e bem oleada. Isso ajudará a evitar que a massa grude na grelha. Você precisará de algo grande o suficiente para transportar sua massa para a grelha. Uma espátula de pizza é altamente recomendada para esta tarefa. Pincele uma camada uniforme de azeite extra-virgem no lado que ficará virado para baixo primeiro. O óleo dará sabor e ajudará a evitar que a massa grude na grelha, além de dar à crosta um bom acabamento crocante.

d) Antes de colocar a pizza na grelha, você pode remover a prateleira superior da grelha para facilitar a virada da pizza.

e) Cozinhe o primeiro lado de 1-3 minutos antes de virar, dependendo do calor da sua grelha. Durante esse tempo, você precisará pincelar o azeite no lado que está voltado para cima. Enquanto cozinha o primeiro lado, pico sob a borda da crosta para monitorar seu acabamento.

f) Cozinhe até ficar satisfeito com o acabamento e, em seguida, vire a crosta. Depois de virar, aplique imediatamente qualquer cobertura que desejar. É altamente recomendável que você mantenha a cobertura muito leve, pois eles não terão chance de cozinhar na grelha sem queimar a crosta. Você pode considerar pré-cozinhar certos, como carnes e vegetais grossos. Certifique-se de abaixar a tampa o mais rápido possível para prender o calor e terminar de cozinhar as coberturas.

g) Cozinhe a pizza por mais 2-3 minutos ou até ficar satisfeito com o acabamento das crostas.

42. Pizza branca grelhada com Soppressata

Ingrediente

- Massa
- 1 xícara de azeite
- 6 dentes de alho amassados
- 2 dentes de alho picados
- 1 xícara de ricota de leite integral
- 1 colher de chá de tomilho fresco picado
- 2 colheres de chá mais 1 colher de sopa de orégano fresco picado, mantenha separado 1/2 xícara de azeite
- 4 xícaras de mussarela ralada
- 1 xícara de parmesão ralado
- 6 onças Soppressata ou outro salame curado, em fatias finas
- 4 onças de pimentas cereja (em jarra), escorridas e rasgadas em pedaços
- Sal Kosher e pimenta preta moída na hora Farinha de milho (moída grosseira), conforme necessário

instruções

a) Pré-aqueça o forno a 150°F ou na configuração mais baixa. Quando o forno atingir a temperatura, desligue o forno. Despeje a água na tigela de trabalho de um processador de alimentos ou batedeira (ambos devem ter acessório de massa). Polvilhe o óleo, o açúcar e o fermento sobre a água e pulse várias vezes até misturar. Adicione a farinha e o sal e processe até a mistura ficar homogênea. A massa deve ficar macia e levemente pegajosa. Se estiver muito pegajoso, adicione a farinha 1 colher de sopa de cada vez e pulse brevemente. Se ainda estiver muito duro, adicione 1 colher de sopa de água e pulse brevemente. Processe mais 30 segundos.

b) Vire a massa sobre uma superfície de trabalho levemente enfarinhada. Amasse com a mão para formar uma bola lisa e redonda. Coloque a massa em uma tigela grande e limpa que tenha sido revestida com azeite e cubra bem com filme plástico. Deixe crescer por 15 minutos no forno antes de prosseguir.

c) Em uma panela pequena adicione 1 xícara de azeite com os 6 dentes de alho amassados. Deixe ferver e retire do fogo para permitir que o alho infunda o óleo e esfrie. Em uma tigela pequena, misture ricota, 2 dentes de alho picados, tomilho picado e 2 colheres de chá de orégano picado. Retire a massa do forno, soque-a e vire-a sobre uma superfície de trabalho levemente enfarinhada. Divida a massa em quatro bolas de 4 polegadas. Coloque a pedra de pizza na grelha e pré-aqueça a grelha a gás na potência alta.

d) Polvilhe levemente a superfície de trabalho com $\frac{1}{4}$ de xícara de fubá. Enrole ou estique 1 massa redonda suavemente em um retângulo ou círculo de 12 ", $\frac{1}{4}$ "de espessura. Pincele com cerca de 2 colheres de sopa de azeite. Polvilhe a casca da pizza com fubá e deslize a massa sobre ela. Coloque as coberturas na massa redonda nesta ordem Primeiro pincele com óleo de alho, depois cubra com ricota com ervas e cubra com mussarela, parmesão, Soppressata e pimentas cereja.

e) Com a casca da pizza, deslize a pizza na pedra de pizza quente. Feche a tampa o mais rápido possível. Grelhe por cerca de

5-7 minutos, ou até que o fundo da crosta esteja bem dourado, as coberturas estejam quentes e o queijo esteja borbulhando, cerca de 5 a 10 minutos.

43. Pizza de Legumes Grelhados

Ingrediente

- 1 xícara de água morna (cerca de 100 graus F)
- ¼ xícara de azeite 1 ½ colheres de chá de mel
- 1 envelope de fermento biológico
- 3 xícaras de farinha de trigo, mais extra conforme necessário
- 1 ½ colheres de chá de sal kosher.

instruções

a) Pré-aqueça o forno a 150 graus ou na configuração mais baixa. Quando o forno atingir a temperatura, desligue o forno. Despeje a água na tigela de trabalho de um processador de alimentos ou batedeira (ambos devem ter acessório de massa). Polvilhe o óleo, o açúcar e o fermento sobre a água e pulse várias vezes até misturar. Adicione a farinha e o sal e processe até a mistura ficar homogênea. A massa deve ficar macia e levemente pegajosa. Se estiver muito pegajoso, adicione a farinha 1 colher de sopa de cada vez e pulse brevemente. Se ainda estiver muito duro, adicione 1 colher de sopa de água e pulse brevemente. Processe mais 30 segundos.

b) Vire a massa em uma superfície de trabalho levemente enfarinhada e sove-a com a mão para formar uma bola lisa e redonda. Coloque a massa em uma tigela grande e limpa que tenha sido revestida com azeite e cubra bem com filme plástico. Deixe crescer por 15 minutos no forno antes de prosseguir. Retire a massa do forno, soque-a e vire-a em uma superfície de trabalho levemente enfarinhada.

c) Divida a massa em quatro bolas de 4 polegadas e prossiga com as instruções de fazer pizza.

44. Pizza de mussarela, rúcula e limão

Ingrediente

- 1 massa de pizza
- 2 xícaras de purê de tomate
- 1 dente de alho, amassado
- 1 colher de chá de orégano seco
- 1 colher de chá de pasta de tomate
- ½ colher de chá de sal
- Pimenta preta da terra
- ¼ colher de chá de flocos de pimenta vermelha
- 2 xícaras de queijo mussarela ralado
- ½ xícara de Parmegiana ralada
- Opcional, mas muito bom
- ½ molho (cerca de 2 xícaras) de rúcula, limpa e seca
- ½ limão
- Um fio de azeite

instruções

a) Despeje o purê de tomate em uma panela de tamanho médio e aqueça em fogo médio. Adicione o alho, o orégano e a pasta de tomate. Mexa para garantir que a pasta foi absorvida pelo purê.

b) Deixe ferver (isso ajuda o molho a reduzir um pouco), abaixe o fogo e mexa para garantir que o molho não grude. O molho pode ficar pronto em 15 minutos ou pode cozinhar por mais tempo, até $\frac{1}{2}$ hora. Ele reduzirá em cerca de um quarto, o que lhe dará pelo menos $\frac{3}{4}$ xícara de purê por pizza.

c) Prove o sal e tempere em conformidade, e adicione a pimenta preta e/ou os flocos de pimenta vermelha. Retire o dente de alho.

d) Coloque o molho no meio do círculo de massa e, com uma espátula de borracha, espalhe até cobrir completamente a superfície.

e) Coloque a mussarela (1 xícara por pizza de 12 polegadas) em cima do molho. Lembre-se, o queijo se espalhará à medida que derrete no forno, então não se preocupe se parecer que sua pizza não está totalmente coberta com queijo.

f) Coloque em um forno pré-aquecido a 500 ° F e asse conforme indicado para a massa de pizza.
g) Quando a pizza estiver pronta, decore com a Parmegiana e a rúcula (se estiver usando). Esprema o limão sobre as verduras e/ou regue com azeite, se desejar.

45. Pizza Mexicana

Ingrediente

- 1/2 kg de carne moída
- 1/2 colher de chá de sal
- 1/4 colher de chá de cebola picada seca
- 1/4 colher de chá de páprica
- 1-1/2 colher de chá de pimenta em pó
- 2 colheres de água
- 8 tortilhas de farinha pequenas (6 polegadas de diâmetro)
- 1 xícara de gordura Crisco ou óleo de cozinha
- 1 (16 onças) lata de feijão frito
- 1/3 xícara de tomate em cubos
- 2/3 xícara de salsa picante suave
- 1 xícara de queijo cheddar ralado
- 1 xícara de queijo Monterey Jack ralado
- 1/4 xícara de cebolinha verde picada
- 1/4 xícara de azeitonas pretas fatiadas

instruções

a) Cozinhe a carne moída em fogo médio até dourar, depois escorra o excesso de gordura da panela. Adicione sal, cebola, páprica, pimenta em pó e água e deixe a mistura ferver em fogo médio por cerca de 10 minutos. Mexa frequentemente.
b) Aqueça o óleo ou gordura Crisco em uma frigideira em fogo médio-alto. Se o óleo começar a soltar fumaça, está muito quente. Quando o óleo estiver quente, frite cada tortilha por cerca de 30 a 45 segundos de cada lado e reserve em papel toalha.
c) Ao fritar cada tortilha, certifique-se de estourar as bolhas que se formam para que a tortilha fique plana no óleo. As tortilhas devem ficar douradas. Aqueça o feijão frito em uma panela pequena no fogão ou no microondas.
d) Pré-aqueça o forno a 400F. Quando a carne e as tortilhas estiverem prontas, empilhe cada pizza espalhando primeiro cerca de 1/3 xícara de feijão frito na face de uma tortilha. Em seguida,

espalhe 1/4 a 1/3 xícara de carne, depois outra tortilha.
e) Cubra suas pizzas com duas colheres de sopa de salsa em cada uma, depois divida os tomates e empilhe-os por cima. Em seguida, divida o queijo, as cebolas e as azeitonas, empilhando nessa ordem.
f) Coloque as pizzas no forno quente por 8 a 12 minutos ou até o queijo derreter.
Rende 4 pizzas.

46. Pãozinhos de pizza

Ingrediente

- Mini Bagels
- Molho de pizza
- Queijo mussarela ralado

instruções

a) Pré-aqueça o forno a 400
b) Divida os bagels ao meio, espalhe o molho uniformemente em cada metade, polvilhe o queijo.
c) Asse por 3-6 minutos ou até o queijo derreter ao seu gosto.

47. Pizza Muffuleta

Ingrediente

- 1/2 xícara de salsão bem picado
- 1/3 xícara de azeitonas verdes recheadas com pimentão picado
- 1/4 xícara de pepperoncini picado
- 1/4 xícara de cebola coquetel picada
- 1 dente de alho, picado
- 3 colheres de sopa de azeite extra virgem
- 2 colheres de chá de mistura de molho de salada italiano seco
- 3 onças. presunto/salame fino em fatias finas, em cubos
- 8 onças. queijo provolone ralado
- 2 crostas de massa crua de 12"
- azeite extra virgem

instruções

a) Misture os primeiros 7 para salada de azeitona marinada e leve à geladeira durante a noite. Junte a salada de azeitonas, o presunto e o queijo. Cubra uma crosta de massa com 1/2 da mistura. Regue com azeite. Asse em forno pré-aquecido a 500 ° F por
b) 8-10 minutos ou até a crosta ficar dourada e o queijo derreter. Retire do forno e deixe esfriar em uma gradinha por 2-3 minutos antes de cortar em fatias e servir.
c) Repita com a outra massa de massa.

48. Pan pizza

Ingrediente

- Massa

- 2 colheres de azeite

- 1 dente de alho, descascado e picado

- 2 colheres de pasta de tomate

- Pitada de flocos de pimenta, a gosto

- 128 onças de tomates picados ou esmagados

- 2 colheres de mel, ou a gosto

- 1 colher de chá de sal kosher, ou a gosto

instruções

a) Combine a farinha e o sal em sua tigela maior. Em outra tigela, misture a água, a manteiga, o azeite e o fermento. Misture bem.
b) Use uma espátula de borracha para criar um buraco no centro da mistura de farinha e adicione o líquido da outra tigela, mexendo com a espátula e

raspando as laterais da tigela para juntar tudo.

c) Misture tudo até ficar uma bola grande e desgrenhada de massa molhada, cubra com filme plástico e deixe descansar por 30 minutos.

d) Abra a massa e, com as mãos enfarinhadas, amasse até ficar uniformemente lisa e pegajosa, cerca de 3 a 5 minutos. Mova a bola de massa para uma tigela limpa, cubra com filme plástico e deixe crescer por 3 a 5 horas em temperatura ambiente, depois leve à geladeira, pelo menos 6 horas e até 24.

e) Na manhã que você quiser fazer as pizzas, retire a massa da geladeira, divida em 3 pedaços de tamanho igual (cerca de 600 gramas cada) e molde-os em bolas oblongas. Use azeite para untar três frigideiras de ferro fundido de 10 polegadas, assadeiras de 8 polegadas por 10 polegadas com laterais altas, assadeiras de vidro de 7 polegadas por 11 polegadas ou alguma combinação delas e coloque as bolas neles.

f) Cubra com filme plástico e deixe crescer em temperatura ambiente, de 3 a 5 horas. mistura é brilhante e apenas começando a caramelizar.

g) Faça o molho. Coloque uma panela em fogo médio-baixo e adicione 2 colheres de sopa de azeite. Quando o óleo estiver brilhando, adicione o alho picado e cozinhe, mexendo, até ficar dourado e aromático, aproximadamente 2 a 3 minutos.
h) Adicione a pasta de tomate e uma pitada de flocos de pimenta e aumente o fogo para médio. Cozinhe, mexendo sempre
i) Adicione os tomates, deixe ferver, abaixe o fogo e deixe cozinhar por 30 minutos, mexendo de vez em quando.
j) Retire o molho do fogo e misture o mel e o sal, a gosto, depois bata no liquidificador ou deixe esfriar e use um liquidificador comum. (O molho pode ser feito com antecedência e armazenado na geladeira ou no freezer. Dá para 6 ou mais tortas.)
k) Após 3 horas ou mais, a massa terá quase dobrado de tamanho. Estique a massa muito delicadamente nas laterais das formas, fazendo covinhas suavemente com os dedos. A massa pode então ser deixada descansar por mais 2 a 8 horas, coberta com filme.

l) Faça as pizzas. Aqueça o forno a 450. Puxe delicadamente a massa para as bordas das panelas, se ela ainda não subiu para as bordas. Use uma colher ou concha para colocar 4 a 5 colheres de sopa de molho na massa, cobrindo-a completamente. Polvilhe a mussarela de baixa umidade nas tortas e, em seguida, salpique-as com a mussarela fresca e o pepperoni a gosto. Polvilhe com o orégano e regue com um pouco de azeite.

m) Coloque as pizzas na prateleira do meio do forno em uma assadeira grande ou assadeiras para capturar derramamentos e cozinhe por 15 minutos ou mais. Use uma espátula deslocada para levantar a pizza e verifique os fundos.

n) A pizza está pronta quando a crosta estiver dourada e o queijo derretido e começando a dourar por cima, cerca de 20 a 25 minutos.

49. Pimenta Pimenta Calabresa

Ingrediente

- 2 quilos de carne moída
- Links de salsicha italiana quente de 1 libra
- 1 cebola grande, picada
- 1 pimentão verde grande, picado
- 4 dentes de alho, picados
- 1 jarra (16 onças) salsa
- 1 lata (16 onças) de feijão chili quente, não drenado
- 1 lata (16 onças) de feijão, lavado e escorrido
- 1 lata (12 onças) de molho de pizza
- 1 pacote (8 onças) de pepperoni fatiado, cortado ao meio
- 1 xícara de água
- 2 colheres de chá de pimenta em pó
- 1/2 colher de chá de sal

- 1/2 colher de chá de pimenta
- 3 xícaras (12 onças) de queijo mussarela desnatado em pedaços

instruções

a) Em um forno holandês, cozinhe a carne, a linguiça, a cebola, o pimentão e o alho em fogo médio até que a carne não fique mais rosada; escorra.
b) Misture a salsa, feijão, molho de pizza, pepperoni, água, pimenta em pó, sal e pimenta. Leve para ferver. Reduza o calor; cubra.

50.   pesto Pizza

Ingrediente

- 1 1/2 xícaras (embaladas) de folhas de espinafre
- 1/2 xícara (embaladas) de folhas de manjericão fresco (cerca de 1 maço)
- 1 1/2 colheres de sopa de óleo de tomate seco ao sol ou azeite de oliva
- 1 dente de alho grande
- Azeite
- 1 concha de massa estilo NY de 12 polegadas
- 1/3 xícara de tomates secos ao sol escorridos e escorridos fatiados 2 xícaras de queijo mussarela ralado (cerca de 8 onças)
- 1 xícara de queijo parmesão ralado

instruções

a) Misture os 4 primeiros no processador para fazer um purê grosso. Transfira o pesto para uma tigela pequena. (Pode ser preparado com 1 dia de antecedência. Pressione o plástico diretamente na superfície do pesto para cobrir a geladeira.) Pré-aqueça o forno a 500F. Unte uma forma de pizza de 12 polegadas com azeite.

b) Arrume a massa na assadeira e espalhe todo o pesto sobre a massa. Polvilhe com tomate seco e depois com queijo. Asse a pizza até que a crosta doure e o queijo derreta.

51.   Pizza Filadélfia

Ingrediente

- 1 cebola média, fatiada
- 1 pimentão verde médio, fatiado
- 8 onças. Cogumelos, fatiados
- 8 onças. Carne assada, raspada
- 3 colheres de sopa de molho inglês
- 1/4 de chá. Pimenta preta
- 1 Lote de massa de crosta grossa siciliana
- 3 colheres de sopa de azeite
- 1 colher de chá de alho esmagado
- 4 xícaras de queijo provolone
- 1/4 xícaras de queijo parmesão ralado

instruções

a) Refogue os legumes em 1 colher de sopa. azeite até ficar mole adicione a carne assada. Cozinhe por mais três minutos.
b) Adicione o molho inglês e a pimenta, mexa e retire do fogo. Deixou de lado.
c) Pincele a massa preparada com azeite e espalhe o alho esmagado sobre toda a superfície da massa. Cubra com uma leve camada de queijo ralado, depois a mistura de carne/legumes, distribuindo uniformemente.

d) Cubra com o queijo ralado restante, depois o parmesão. Asse em forno pré-aquecido 500F até que o queijo esteja derretido e borbulhante.
e) Deixe descansar 5 minutos antes de cortar e servir.

52. Pizza pita com azeitonas verdes

Ingrediente

Salada Picada

- 1 dente de alho, descascado e cortado ao meio
- 2 colheres de vinagre balsâmico
- 1 cebola roxa pequena, cortada ao meio, em fatias finas
- $\frac{1}{4}$ xícara de azeite extra virgem
- Sal marinho grosso e pimenta preta fresca 3 corações de alface romana, picadas grosseiramente 4 pepinos Kirby médios, cortados em
- pedaços de mordida
- 2 tomates médios, sem caroço, sem sementes e picados
- 1 abacate maduro, em cubos
- 5 folhas de manjericão fresco, cortadas em pedaços
- 8-10 folhas de hortelã fresca, cortadas em pedaços

Pizza Pita
- 4 (7 polegadas) bolso menos pães pita
- 8 onças Queijo Monterey Jack, ralado
- $\frac{1}{2}$ xícara de azeitonas verdes sem caroço e picadas

- 2 pimentas jalapeño picadas Flocos de pimenta vermelha esmagados Pimenta preta moída na hora Queijo parmesão ralado para decorar

instruções

a) Pré-aqueça o forno a 450 ° F.
b) Para preparar a salada, esfregue vigorosamente o interior de uma tigela grande com o alho. Adicione o vinagre e a cebola roxa e reserve por 5 minutos. Regue com o azeite e tempere com sal e pimenta. Adicione a alface, pepino, tomate, abacate, manjericão e hortelã e misture bem.
c) Asse as pitas, em lotes, se necessário, na pedra de pizza aquecida ou na panela por 3 minutos. Em uma tigela pequena, misture o queijo, as azeitonas e o jalapeño. Divida esta mistura entre as quatro pitas.
d) Retorne as pitas ao forno, duas de cada vez, e asse até que o queijo esteja borbulhando e levemente dourado, cerca de 5 minutos. Monte a salada em cima

das pizzas, polvilhe com queijo parmesão e sirva.
e) Espalhe o pão sírio com o molho. Adicione alho em pó e orégano extra, se desejar. Então ADICIONE sua escolha de coberturas! Tomate picado, cebola, pimentão, abobrinha ou abóbora amarela são todos deliciosos e nutritivos!
f) Asse a 400° por 10 minutos.

53. Hambúrgueres de pizza

Ingrediente

- 1 kg de carne moída
- 1/4 c azeitonas picadas
- 1 c de queijo cheddar
- 1/2 t de alho em pó
- 1 8 onças. pode molho de tomate
- 1 cebola, em cubos

instruções

a) Carne marrom com alho e cebola.
b) Retire do fogo e misture o molho de tomate e as azeitonas.
c) Coloque em pães de cachorro-quente com queijo.
d) Embrulhe em papel alumínio e asse por 15 minutos a 350 graus.

54. Pizza de lancheira

Ingrediente

- 1 pão pita redondo
- 1 colher de chá de azeite
- 3 colheres de sopa de molho de pizza
- 1/2 xícara de queijo mussarela ralado
- 1/4 C. cogumelos crimini fatiados
- 1/8 colheres de chá de sal de alho

instruções

a) Defina sua grelha para fogo médio-alto e unte a grelha da grelha.
b) Espalhe o óleo e o molho de pizza sobre 1 lado do pão pita uniformemente.
c) Coloque os cogumelos e o queijo sobre o molho e polvilhe tudo com o sal de alho.
d) Disponha o pão pita na grelha, com os cogumelos virados para cima.
e) Cubra e cozinhe na grelha por cerca de 5 minutos.

55. Deleite frutado gelado

Ingrediente

- 1 (18 onças) pacote de massa de biscoito de açúcar refrigerada
- 1 pote de creme de marshmallow
- 1 pacote de cream cheese, amolecido

instruções

a) Defina seu forno para 350 graus F antes de fazer qualquer outra coisa.
b) Coloque a massa em uma assadeira média com cerca de 1/4 de polegada de espessura.
c) Cozinhe tudo no forno por cerca de 10 minutos.
d) Retire tudo do forno e reserve para esfriar.
e) Em uma tigela, misture o cream cheese e o creme de marshmallow.
f) Espalhe a mistura de cream cheese sobre a crosta e leve à geladeira para esfriar antes de servir.

56. Pizza defumada

Ingrediente

- 3 1/2 C. farinha de trigo
- Levedura de massa de pizza
- 1 colheres de açúcar
- 1 1/2 colheres de chá de sal
- 1 1/3 C. água muito quente (120 graus a 130 graus F)
- 1/3 C. óleo
- Farinha adicional para enrolar
- Óleo adicional para grelhar
- Molho de pizza
- Outros recheios a vontade
- Queijo mussarela ralado

instruções

a) Defina sua grelha para fogo médio-alto e unte a grelha da grelha.
b) Em uma tigela grande, misture 2 C. da farinha, fermento, açúcar e sal.
c) Adicione o óleo e a água e misture até ficar bem misturado.
d) Lentamente, adicione a farinha restante e misture até formar uma massa ligeiramente pegajosa.
e) Coloque a massa em uma superfície enfarinhada e sove até que a massa fique elástica.

f) Divida a massa em 8 porções e enrole cada porção em uma superfície enfarinhada em um círculo de cerca de 8 polegadas.
g) Cubra os dois lados de cada crosta com um pouco de óleo extra.
h) Cozinhe todas as crostas na grelha por cerca de 3-4 minutos.
i) Transfira a crosta para uma superfície lisa, com o lado grelhado para cima.
j) Espalhe uma camada fina de molho de pizza em cada crosta uniformemente.
k) Coloque as coberturas e o queijo desejados sobre o molho e cozinhe tudo na grelha até o queijo derreter.

57.   Pizza doce

Ingrediente

- 1 (18 onças) pacote de massa de biscoito de açúcar refrigerada
- 1 (8 onças) recipiente de cobertura batida congelada, descongelada
- 1/2 xícara de banana fatiada
- 1/2 xícara de morangos frescos fatiados
- 1/2 C. abacaxi esmagado, escorrido
- 1/2 C. uvas sem sementes, cortadas ao meio

instruções

a) Defina seu forno para 350 graus F antes de fazer qualquer outra coisa.
b) Coloque a massa em uma forma de pizza de 12 polegadas.
c) Cozinhe tudo no forno por cerca de 15-20 minutos.
d) Retire tudo do forno e reserve para esfriar.
e) Espalhe a cobertura batida sobre a crosta e cubra com a fruta em qualquer desenho desejado.
f) Leve para gelar antes de servir.

58. Pizza única

Ingrediente

- 1 lata de massa de massa de pizza refrigerada
- 1 C. propagação de húmus
- 1 1/2 C. pimentão fatiado, qualquer cor
- 1 C. floretes de brócolis
- 2 C. queijo Monterey Jack ralado

instruções

a) Defina seu forno para 475 graus F antes de fazer qualquer outra coisa.
b) Coloque a massa em uma forma de pizza.
c) Coloque uma camada fina de homus sobre a crosta uniformemente e cubra tudo com o brócolis e o pimentão.
d) Polvilhe a pizza com o queijo e cozinhe tudo no forno por cerca de 10-15 minutos.

59.   Pizza Artesanal

Ingrediente

- 1 (12 polegadas) massa de pizza pré-assada
- 1/2 C. pesto
- 1 tomate maduro, picado
- 1/2 C. pimentão verde, picado
- 1 (2 onças) lata de azeitonas pretas picadas, escorridas
- 1/2 cebola roxa pequena, picada
- 1 (4 onças) pode corações de alcachofra, escorridos e fatiados
- 1 xícara de queijo feta esfarelado

instruções

a) Defina seu forno para 450 graus F antes de fazer qualquer outra coisa.
b) Coloque a massa em uma forma de pizza.
c) Coloque uma camada fina de pesto sobre a crosta uniformemente e cubra com os legumes e o queijo feta.
d) Polvilhe a pizza com o queijo e cozinhe tudo no forno por cerca de 8-10 minutos.

60. Fatia de piza de pepperoni

Ingrediente

- 1 pacote de cream cheese, amolecido
- 1 lata de molho de pizza
- 1/4 libra de linguiça calabresa, em cubos
- 1 cebola, picada
- 1 lata (6 onças) de azeitonas pretas picadas
- 2 C. queijo mussarela ralado

instruções

a) Defina o forno a 400 graus F antes de fazer qualquer outra coisa e unte uma forma de torta de 9 polegadas.
b) No fundo da forma de torta preparada, coloque o cream cheese e cubra com o molho de pizza.
c) Cubra tudo com as azeitonas, pepperoni e cebola e polvilhe com queijo mussarela.
d) Cozinhe tudo no forno por cerca de 20-25 minutos.

61.   Pizza de atum

Ingrediente

- 1 pacote de cream cheese, amolecido
- 1 pacote de massa de pizza pré-assada
- 1 (5 onças) lata de atum, escorrido e em flocos
- 1/2 C. cebola roxa em fatias finas
- 1 1/2 C. queijo mussarela ralado
- flocos de pimenta vermelha esmagados, ou a gosto

instruções

a) Defina o forno para 400 graus F antes de fazer qualquer outra coisa.
b) Espalhe o cream cheese sobre a massa pré-assada.
c) Cubra a crosta com o atum e as cebolas e polvilhe com o queijo mussarela e os flocos de pimenta vermelha.
d) Cozinhe tudo no forno por cerca de 15-20 minutos.

62. Frango com sabor de pizza

Ingrediente

- 1/2 C. Farinha de pão com tempero italiano
- 1/4 C. queijo parmesão ralado
- 1 colher de chá de sal
- 1 colher de chá de pimenta preta moída
- 1/2 xícara de farinha de trigo
- 1 ovo
- 1 colheres de sopa de suco de limão
- 2 metades de peito de frango sem pele e sem osso
- 1/2 C. molho de pizza, dividido
- 1/2 xícara de queijo mussarela ralado, dividido
- 4 fatias de pepperoni, ou a gosto - dividido

instruções

a) Defina o forno para 400 graus F antes de fazer qualquer outra coisa.
b) Em um prato raso, adicione o suco de limão e o ovo e bata bem.
c) Em uma segunda tigela rasa, coloque a farinha.
d) Em uma terceira tigela, misture o queijo parmesão, migalhas de pão, sal e pimenta preta.

e) Cubra cada peito de frango com a mistura de ovos e enrole na mistura de farinha.
f) Mais uma vez, mergulhe o frango na mistura de ovos e enrole na mistura de farinha de rosca.
g) Arrume os peitos de frango em uma assadeira e cozinhe tudo no forno por cerca de 20 minutos.
h) Coloque cerca de 2 colheres de sopa de molho de pizza sobre cada peito de frango e cubra com o queijo e as fatias de pepperoni uniformemente.
i) Cozinhe tudo no forno por cerca de 10 minutos.

63.   Pizza de café da manhã

Ingrediente

- 2/3 C. água morna
- 1 pacote de fermento instantâneo
- 1/2 colheres de chá de sal
- 1 colher de chá de açúcar branco
- 1/4 colheres de chá de orégano seco
- 1 3/4 C. farinha de trigo
- 6 fatias de bacon, picadas
- 1/2 C. cebola verde, em fatias finas
- 6 ovos batidos
- Sal e pimenta a gosto
- 1/2 C. molho de pizza
- 1/4 C. queijo parmesão ralado
- 2 onças. salame em fatias finas

instruções

a) Defina o forno a 400 graus F antes de fazer qualquer outra coisa e unte levemente uma bandeja de pizza.
b) Em uma tigela, adicione a água, o açúcar, o fermento, o orégano e o sal e mexa até dissolver completamente.
c) Adicione cerca de 1 C. da farinha e misture bem.
d) Adicione a farinha restante e misture bem.

e) Com um filme plástico, cubra a tigela e reserve por cerca de 10-15 minutos.
f) Aqueça uma frigideira grande em fogo médio e frite o bacon até dourar completamente.
g) Adicione a cebolinha verde e refogue por cerca de 1 minuto.
h) Adicione os ovos e cozinhe, mexendo até que os ovos mexidos estejam preparados.
i) Misture o sal e a pimenta preta.
j) Espalhe o molho de pizza sobre a massa e coloque a massa na bandeja de pizza preparada.
k) Cubra com o bacon, ovos, parmesão e salame e cozinhe tudo no forno por cerca de 20-25 minutos.

64. Pizza fresca do jardim

Ingrediente

- 2 (8 onças) pacotes de rolos crescentes refrigerados
- 2 (8 onças) pacotes de cream cheese, amolecido
- 1/3 C. maionese
- 1 pacote de mistura de sopa de legumes seca
- 1 C. rabanetes, fatiados
- 1/3 C. pimentão verde picado
- 1/3 C. pimentão vermelho picado
- 1/3 C. pimentão amarelo picado
- 1 C. floretes de brócolis
- 1 C. floretes de couve-flor
- 1/2 C. cenoura picada
- 1/2 C. aipo picado

instruções

a) Defina o forno para 400 graus F antes de fazer qualquer outra coisa.
b) No fundo de uma forma de gelatina de 11x14 polegadas, espalhe a massa de rolo crescente.
c) Com os dedos, aperte todas as costuras para fazer uma crosta.

d) Cozinhe tudo no forno por cerca de 10 minutos.
e) Retire tudo do forno e reserve para esfriar completamente.
f) Em uma tigela, misture a maionese, o cream cheese e a mistura da sopa de legumes.
g) Coloque a mistura de maionese sobre a crosta uniformemente e cubra tudo com os legumes uniformemente e pressione-os suavemente na mistura de maionese.
h) Com o filme plástico, cubra a pizza e leve à geladeira durante a noite.

65. Cascas de pizza

Ingrediente

- 2 (28 onças) latas de tomates esmagados
- 2 colheres de sopa de óleo de canola
- 2 colheres de sopa de orégano seco
- 1 colheres de chá de manjericão seco
- 1 colher de chá de açúcar branco
- 1 (12 onças) caixa de conchas de macarrão jumbo
- 1 lata de cogumelos fatiados, escorridos
- 1/2 pimentão verde, picado
- 1/2 cebola, picada
- 2 C. queijo Monterey Jack ralado
- 1 pacote (6 onças) de mini pepperoni fatiado

instruções

a) Em uma panela, adicione os tomates esmagados, manjericão, orégano, açúcar e óleo e misture bem.
b) Tampe a panela e leve ao fogo.
c) Reduza o fogo para baixo e cozinhe por cerca de 30 minutos.
d) Defina o seu forno para 350 graus F.
e) Em uma panela grande com água fervente levemente salgada, cozinhe as cascas do macarrão por cerca de 10 minutos, mexendo ocasionalmente.

f) Escorra bem e reserve.
g) Em uma tigela, misture o pimentão verde, a cebola e o cogumelo.
h) Coloque cerca de 1 colher de chá de molho de tomate em cada concha e polvilhe com a mistura de cebola e cerca de 1 colher de sopa de queijo Monterey Jack.
i) Em uma assadeira de 13x9 polegadas, arrume as conchas, lado a lado e tocando e coloque as mini fatias de calabresa sobre cada concha.
j) Cozinhe tudo no forno por cerca de 30 minutos.

66. Pizza de frigideira quente italiana

Ingrediente

- 1 colheres de sopa de azeite
- 1 cebola espanhola, em fatias finas
- 1 pimentão verde, em fatias finas
- 1 (3,5 onças) linguiça italiana quente, fatiada
- 1/4 C. cogumelos frescos fatiados, ou mais a gosto
- 1 fatia de polenta preparada, cortada em pedaços de 4x4 polegadas
- 1/4 C. molho de espaguete, ou conforme necessário
- 1 onças. queijo mussarela ralado

instruções

a) Em uma frigideira grande, aqueça o azeite em fogo médio e refogue a linguiça, o pimentão, os cogumelos e a cebola por cerca de 10-15 minutos.
b) Transfira a mistura para uma tigela grande.
c) Na mesma frigideira, adicione a polenta e cozinhe por cerca de 5 minutos dos dois lados.
d) Cubra a polenta com a mistura de linguiça, seguida do molho de espaguete e queijo mussarela.

e) Cozinhe por cerca de 5-10 minutos.

67.   Pizza estilo Nova Orleans

Ingrediente

- 8 azeitonas pretas jumbo sem caroço
- 8 azeitonas verdes sem caroço
- 2 colheres de sopa de aipo picado
- 2 colheres de sopa de cebola roxa picada
- 2 dentes de alho picados
- 6 folhas de manjericão fresco picado
- 1 colher de sopa de salsa fresca picada
- 2 colheres de azeite
- 1/2 colheres de chá de orégano seco
- sal e pimenta preta moída na hora a gosto
- 1 pacote de massa de pizza pronta
- 1 colheres de sopa de azeite
- 1/2 colher de chá de alho em pó a gosto e sal a gosto
- 2 onças. queijo mussarela e 2 onças. queijo provolone
- 2 onças. queijo parmesão ralado
- 2 onças. salame duro em fatias finas, cortado em tiras
- 2 onças. mortadela em fatias finas, cortada em tiras
- 4 onças. presunto em fatias finas, cortado em tiras

instruções

a) Em uma tigela, misture as azeitonas, cebola, aipo, alho, ervas frescas, orégano seco, sal, pimenta preta e azeite.
b) Cubra e leve à geladeira para esfriar antes de usar.
c) Defina o seu forno para 500 graus F.
d) Pincele a massa da pizza com o azeite e polvilhe com o alho em pó e o sal.
e) Disponha a massa de pizza sobre a grade do forno e cozinhe tudo no forno por cerca de 5 minutos.
f) Retire tudo do forno e reserve para esfriar completamente.
g) Agora, coloque o forno para grelhar.
h) Em uma tigela, misture todo o restante.
i) Adicione a mistura de azeitonas e mexa para combinar.
j) Coloque a mistura sobre a crosta uniformemente e cozinhe sob a grelha por cerca de 5 minutos.
k) Corte o prato nas fatias desejadas e sirva.

68. Pizza de quinta à noite

Ingrediente

- 10 onças fluidas. água morna
- 3/4 colheres de chá de sal
- 3 colheres de óleo vegetal
- 4 C. farinha de trigo
- 2 colheres de chá de fermento biológico seco
- 1 (6 onças) lata de pasta de tomate
- 3/4 C. de água
- 1 pacote de mistura de tempero para taco, dividido
- 1 colheres de chá de pimenta em pó
- 1/2 colheres de chá de pimenta caiena
- 1 lata de feijão frito sem gordura
- 1/3 C. salsa
- 1/4 C. cebola picada
- 1/2 kg de carne moída
- 4 C. queijo cheddar ralado

instruções

a) Na máquina de pão, adicione a água, o sal, o óleo, a farinha e o fermento na ordem recomendada pelo fabricante.
b) Selecione o ciclo da massa.
c) Verifique a massa após alguns minutos.
d) Se estiver muito seco e não misturar lentamente, adicione água 1 colher de

sopa de cada vez, até que esteja misturando e tenha uma boa consistência de massa maleável.

e) Enquanto isso, em uma tigela pequena, misture a pasta de tomate, 3/4 do pacote de mistura de tempero de taco, pimenta caiena, pimenta em pó e água.

f) Em outra tigela, misture a salsa, o feijão frito e a cebola.

g) Aqueça uma frigideira grande e cozinhe a carne moída até dourar completamente.

h) Escorra o excesso de gordura da frigideira.

i) Adicione o restante 1/4 do pacote de tempero de taco e uma pequena quantidade de água e cozinhe por alguns minutos.

j) Retire tudo do fogo.

k) Defina seu forno para 400 graus F antes de continuar.

l) Após o término do ciclo de massa, retire a massa da máquina.

m) Divida a massa em 2 porções e coloque em duas panelas de 12 polegadas.

n) Espalhe uma camada da mistura de feijão sobre cada massa, seguida por uma camada da mistura de pasta de tomate, mistura de carne e queijo cheddar.

o) Cozinhe tudo no forno por cerca de 10-15 minutos, virando na metade do tempo de cozimento.

69. Pizza vegetariana mista

Ingrediente

- 1 colheres de sopa de azeite
- 1 (12 onças) saco de legumes mistos
- 1 (10 onças) massa de pizza de trigo integral pré-assada
- 1 C. molho de pizza preparado
- 1 onças. calabresa fatiada
- 1 xícara de queijo mussarela ralado

instruções

a) Defina seu forno para 450 graus F antes de fazer qualquer outra coisa.
b) Em uma frigideira grande antiaderente, aqueça o óleo em fogo médio-alto e cozinhe os legumes mistos por cerca de 10 minutos, mexendo ocasionalmente.
c) Coloque a massa de pizza em uma assadeira.
d) Espalhe o molho de pizza sobre a massa uniformemente e cubra com a mistura de vegetais, pepperoni e queijo mussarela.
e) Cozinhe tudo no forno por cerca de 10 minutos

70.   Pizza de hambúrguer

Ingrediente

- 8 pães de hambúrguer, divididos
- 1 kg de carne moída
- 1/3 C. cebola, picada
- 1 lata de molho de pizza
- 1/3 C. queijo parmesão ralado
- 2 1/4 colheres de chá de tempero italiano
- 1 colheres de chá de alho em pó
- 1/4 colheres de chá de cebola em pó
- 1/8 colheres de chá de flocos de pimenta vermelha esmagados
- 1 colher de chá de páprica
- 2 C. queijo mussarela ralado

instruções

a) Defina o forno para grelhar e organize o rack do forno a cerca de 6 polegadas do elemento de aquecimento.
b) Em uma assadeira, arrume as metades do pão, com a crosta para baixo e cozinhe tudo sob a grelha por cerca de 1 minuto.
c) Agora, ajuste o forno para 350 graus F.
d) Aqueça uma frigideira grande em fogo médio e cozinhe a carne por cerca de 10 minutos.

e) Escorra o excesso de gordura da frigideira.
f) Junte a cebola e refogue tudo por cerca de 5 minutos.
g) Adicione o restante, exceto o queijo mussarela e deixe ferver.
h) Cozinhe, mexendo ocasionalmente por 10-15 minutos.
i) Arrume os pães em uma assadeira e cubra-os com a mistura de carne e queijo mussarela uniformemente.
j) Cozinhe tudo no forno por cerca de 10 minutos.

71. Creme de Pizza

Ingrediente

- 1 libra de salsicha moída
- 2 (12 polegadas) crostas de pizza preparadas
- 12 ovos
- 3/4 C. leite
- Sal e pimenta a gosto
- 1 lata de creme condensado de sopa de aipo
- 1 (3 onças) lata de pedaços de bacon
- 1 cebola pequena, picada
- 1 pimentão verde pequeno, picado
- 4 C. queijo cheddar ralado

instruções

a) Defina o forno para 400 graus F antes de fazer qualquer outra coisa.

b) Aqueça uma frigideira grande em fogo médio-alto e cozinhe a linguiça até dourar completamente.
c) Transfira a linguiça para um prato forrado com papel toalha para escorrer e depois esfarele.
d) Enquanto isso, em uma tigela, adicione o leite, os ovos, o sal e a pimenta preta e bata bem.
e) Na mesma frigideira da linguiça, mexa os ovos até ficarem completamente firmes.
f) Arrume as crostas de pizza de cabeça para baixo nas assadeiras e cozinhe tudo no forno por cerca de 5-7 minutos.
g) Retire as crostas do forno e vire o lado oposto para cima.
h) Espalhe cerca de 1/2 lata de creme de aipo em cima de cada crosta.
i) Coloque 1/2 da mistura de ovos em cada crosta.
j) Coloque os pedaços de bacon em uma pizza e cubra a outra pizza com a salsicha desintegrada.
k) Cubra cada pizza com as cebolas, pimentões e 2 C. do queijo.
l) Cozinhe tudo no forno, por cerca de 25-30 minutos.

72. Pizza Roma Fontina

Ingrediente

- 1/4 C. azeite
- 1 colheres de sopa de alho picado
- 1/2 colheres de chá de sal marinho
- 8 tomates Roma, fatiados
- 2 (12 polegadas) crostas de pizza pré-assadas
- 8 onças. queijo mussarela ralado
- 4 onças. queijo Fontina ralado
- 10 folhas de manjericão fresco, picado
- 1/2 xícara de queijo parmesão ralado na hora
- 1/2 C. queijo feta esfarelado

instruções

a) Defina o forno para 400 graus F antes de fazer qualquer outra coisa.

b) Em uma tigela, misture os tomates, o alho, o óleo e o sal e reserve por cerca de 15 minutos.

c) Cubra cada massa de pizza com um pouco da marinada de tomate.

d) Cubra tudo com os queijos Mussarela e Fontina, seguidos pelos tomates, manjericão, parmesão e queijo feta.

73. Pizza picante de frango com espinafre

Ingrediente

- 1 C. água morna
- 1 colher de sopa de açúcar branco
- 1 (0,25 onças) pacote de fermento seco ativo
- 2 colheres de óleo vegetal
- 3 C. farinha de trigo
- 1 colher de chá de sal
- 6 fatias de bacon
- 6 colheres de manteiga
- 2 dentes de alho, picados
- 1 1/2 C. creme de leite
- 2 gemas
- 1/2 xícara de queijo parmesão ralado na hora
- 1/2 C. Queijo Romano ralado na hora
- 1/8 colheres de chá de noz-moscada moída
- 1/2 colheres de chá de páprica
- 1/4 colheres de chá de pimenta caiena
- 1/4 colheres de chá de cominho moído
- 1/4 colheres de chá de tomilho seco esfarelado
- 1/8 colheres de chá de sal
- 1/8 colheres de chá de pimenta branca moída
- 1/8 colheres de chá de cebola em pó

- 2 metades de peito de frango sem pele e sem osso
- 1 colheres de sopa de óleo vegetal
- 1 xícara de queijo mussarela ralado
- 1/2 xícara de folhas de espinafre baby
- 3 colheres de sopa de queijo parmesão ralado na hora
- 1 tomate romano, em cubos

instruções

a) Na tigela de trabalho de uma batedeira grande, equipada com um gancho de massa, adicione a água, o açúcar, o fermento e 2 colheres de sopa de óleo vegetal e misture por alguns segundos em velocidade baixa.

b) Pare a batedeira e adicione a farinha e o sal e ligue novamente a batedeira em velocidade baixa e misture até que a mistura de farinha esteja completamente incorporada à mistura de fermento.

c) Agora, reduza a velocidade para média-baixa e amasse a massa na máquina por cerca de 10 a 12 minutos.

d) Polvilhe a massa com farinha de vez em quando se ela grudar nas laterais da tigela.

e) Molde a massa em uma bola e coloque tudo em uma tigela untada e vire a massa na tigela várias vezes para revestir com o óleo uniformemente.
f) Com uma toalha, cubra a massa e mantenha-a em local aquecido por pelo menos 30 minutos a 1 hora.
g) Aqueça uma frigideira grande em fogo médio-alto e frite o bacon até dourar completamente.
h) Transfira o bacon para um prato forrado com papel toalha para escorrer e pique.
i) Em uma frigideira grande, derreta a manteiga e em fogo médio e refogue o alho por cerca de 1 minuto.
j) Junte o creme de leite e as gemas e bata até ficar homogêneo.
k) Misture cerca de 1/2 C. do queijo parmesão, queijo romano, noz-moscada e sal e leve para ferver em fogo baixo.
l) Cozinhe, mexendo continuamente por cerca de 3-5 minutos.
m) Retire tudo do fogo e reserve.
n) Defina seu forno para 350 graus F antes de continuar.
o) Em uma tigela, misture o tomilho, cominho, páprica, pimenta caiena, cebola em pó, 1/8 colheres de chá de sal e pimenta branca.

p) Esfregue um lado de cada peito de frango com a mistura de especiarias uniformemente.
q) Em uma frigideira, aqueça 1 colher de sopa de óleo vegetal em fogo alto e sele os peitos de frango, lado temperado, por cerca de 1 minuto de cada lado.
r) Transfira os peitos de frango para uma assadeira.
s) Cozinhe tudo no forno por cerca de 5-10 minutos, ou até ficar totalmente cozido.
t) Retire tudo do forno e corte em fatias.
u) Coloque a massa de pizza em uma superfície enfarinhada e soque-a para baixo e depois abra.
v) Coloque a massa de pizza em uma assadeira pesada.
w) Com um garfo, faça vários furos na crosta e cozinhe tudo no forno por cerca de 5-7 minutos.
x) Retire tudo do forno e coloque o molho Alfredo sobre a crosta uniformemente, seguido do queijo mussarela, fatias de frango, folhas de espinafre, bacon e 3 colheres de sopa de queijo parmesão.
y) Cozinhe tudo no forno por cerca de 15-20 minutos.
z) Sirva com uma cobertura de tomates Roma picados.

74. Pizza para a Páscoa

Ingrediente

- 1/2 kg de salsicha italiana a granel
- azeite
- 1 (1 lb) massa de pão congelada, descongelada
- 1/2 kg de queijo mussarela fatiado
- 1/2 libra de presunto cozido fatiado
- 1/2 kg de queijo provolone fatiado
- 1/2 libra de salame fatiado
- 1/2 kg de pepperoni fatiado
- 1 (16 onças) recipiente de queijo ricota
- 1/2 xícara de queijo parmesão ralado
- 8 ovos batidos
- 1 ovo
- 1 colheres de chá de água

instruções

a) Aqueça uma frigideira grande em fogo médio e cozinhe a salsicha por cerca de 5-8 minutos.
b) Escorra o excesso de gordura da frigideira e transfira a linguiça para uma tigela.
c) Defina o forno a 350 graus F e unte uma panela de espuma de mola de 10 polegadas com o azeite.

d) Corte 1/3 da massa do pão e reserve sob um pano.
e) Molde os 2/3 restantes da massa em uma bola e coloque em uma superfície enfarinhada, depois enrole em um círculo de 14 polegadas.
f) Coloque a massa na forma de mola preparada, permitindo que a massa fique pendurada na borda por 2 polegadas ao redor.
g) Na crosta, coloque metade da linguiça cozida, seguida de metade do queijo mussarela, metade do presunto, metade do queijo provolone, metade do salame e metade da calabresa.
h) Cubra tudo com o queijo ricota, seguido de metade do queijo parmesão sobre a ricota, metade dos ovos batidos.
i) Repita todas as camadas uma vez.
j) Estenda o pedaço restante de massa de pão em um círculo de 12 polegadas.
k) Coloque o pedaço sobre a torta de pizza para formar a crosta superior e enrole, em seguida, aperte a crosta inferior sobre a crosta superior para selar o recheio.
l) Em uma tigela pequena, bata 1 ovo com água e cubra a parte superior da torta com a clara do ovo.

m) Cozinhe tudo no forno por cerca de 50-60 minutos ou até que um palito inserido no centro da crosta saia limpo.

75.   Pizza Super Bowl

Ingrediente

- 3 batatas, lavadas
- 6 fatias de bacon
- 1 (6,5 onças) pacote de mistura de massa de pizza
- 1/2 C. água
- 1/4 C. azeite
- 1 colheres de sopa de manteiga, derretida
- 1/4 colheres de chá de alho em pó
- 1/4 colheres de chá de tempero italiano seco
- 1/2 C. creme de leite
- 1/2 C. Molho Rancho
- 3 cebolinhas verdes, picadas
- 1 1/2 C. queijo mussarela ralado
- 1/2 xícara de queijo cheddar ralado

instruções

a) Defina seu forno para 450 graus F antes de fazer qualquer outra coisa.
b) Com um garfo, pique as batatas várias vezes e arrume-as em uma assadeira.
c) Cozinhe tudo no forno por cerca de 50-60 minutos.

d) Retire tudo do forno e deixe esfriar, depois descasque-os.
e) Aqueça uma frigideira grande em fogo médio-alto e frite o bacon por cerca de 10 minutos.
f) Transfira o bacon para um prato forrado com papel toalha para escorrer e depois esfarele.
g) Agora, ajuste o forno a 400 graus F e unte levemente uma forma de pizza.
h) Em uma tigela grande, adicione a mistura de massa de pizza, óleo e água e com um garfo misture até ficar bem combinado.
i) Coloque a massa em uma superfície levemente enfarinhada e sove por cerca de 8 minutos.
j) Reserve por cerca de 5 minutos.
k) Molde a massa em um círculo plano e arrume-a na forma de pizza preparada, deixando que a massa fique levemente pendurada na borda.
l) Cozinhe tudo no forno por cerca de 5-6 minutos.
m) Em uma tigela grande, misture as batatas, a manteiga, o alho em pó e o tempero italiano.
n) Em uma tigela pequena, misture o creme de leite e o molho ranch.

o) Coloque a mistura de creme azedo sobre a crosta uniformemente e cubra com a mistura de batata, seguida pelo bacon, cebola, queijo mussarela e queijo cheddar.
p) Cozinhe tudo no forno por cerca de 15-20 minutos.

76.   Pizza de pão sírio

Ingrediente

- 1 colheres de sopa de azeite
- 6 cogumelos crimini, fatiados
- 3 dentes de alho, picados
- 1 pitada de sal e pimenta preta moída
- 1 colheres de sopa de azeite
- 8 lanças de aspargos frescos, aparados e cortados em pedaços de 2 polegadas
- 1/2 libra de bacon defumado com macieira, cortado em pedaços de 2 polegadas
- 1 (12 polegadas) massa de pizza de pão sírio preparada
- 3/4 C. molho marinara preparado
- 1/2 xícara de queijo mussarela ralado
- 1/2 xícara de queijo Asiago ralado

instruções

a) Defina o forno a 400 graus F antes de fazer qualquer outra coisa e forre uma assadeira com papel alumínio.
b) Em uma frigideira grande, aqueça 1 colher de sopa de azeite em fogo médio e refogue os cogumelos, alho, sal e pimenta preta por cerca de 10 minutos.
c) Retire tudo do fogo e reserve.

d) Em outra frigideira grande, aqueça 1 colher de sopa de azeite em fogo médio-alto e cozinhe os aspargos por cerca de 8 minutos, mexendo de vez em quando.
e) Transfira os aspargos para uma tigela.
f) Reduza o fogo para médio e, na mesma frigideira, cozinhe o bacon por cerca de 10 minutos.
g) Transfira o bacon para um prato forrado com papel toalha para escorrer.
h) Disponha a crosta de pão achatado na assadeira preparada.
i) Coloque o molho marinara sobre a crosta uniformemente, seguido pela mistura de cogumelos, aspargos, bacon, queijo mussarela e queijo Asiago.
j) Cozinhe tudo no forno por cerca de 12-15 minutos.

77. Pizza da madrugada

Ingrediente

- 1 kg de salsicha de porco moída
- 1 (8 onças) pacote de massa de rolo crescente refrigerada, ou conforme necessário
- 8 onças. Queijo Cheddar suave, ralado
- 6 ovos
- 1/2 C. leite
- 1/2 colheres de chá de sal
- pimenta preta moída a gosto

instruções

a) Defina seu forno para 425 graus F antes de fazer qualquer outra coisa.
b) Aqueça uma frigideira grande em fogo médio e frite a carne até dourar completamente.
c) Escorra o excesso de gordura da frigideira.
d) Coloque a massa de rolo crescente em uma assadeira untada de 13x9 polegadas.
e) Coloque a linguiça e o queijo cheddar sobre a massa de rolo crescente uniformemente.

f) Com filme plástico, cubra a assadeira e leve à geladeira por cerca de 8 horas até a noite.
g) Defina o seu forno para 350 graus F.
h) Em uma tigela, adicione os ovos, leite, sal e pimenta preta e bata bem.
i) Coloque a mistura de ovos sobre a linguiça e o queijo na assadeira uniformemente.
j) Com um pouco de papel alumínio, cubra a assadeira e cozinhe tudo no forno por cerca de 20 minutos.
k) Agora, ajuste o forno para 325 graus F antes de continuar.
l) Descubra a assadeira e cozinhe tudo no forno por cerca de 15-25 minutos.

78. Pizza da estrada

Ingrediente

- 1 kg de carne moída
- 1 lata de creme condensado de sopa de cogumelos, não diluído
- 1 (12 polegadas) massa de pizza fina pré-assada
- 1 pacote de queijo cheddar ralado

instruções

a) Defina seu forno para 425 graus F antes de fazer qualquer outra coisa.
b) Aqueça uma frigideira grande em fogo médio e frite a carne até dourar completamente.
c) Escorra o excesso de gordura da frigideira.
d) Coloque o creme de sopa de cogumelos sobre a massa de pizza uniformemente e cubra com a carne cozida, seguida pelo queijo.
e) Cozinhe tudo no forno por cerca de 15 minutos.

79. Pizzas para crianças

Ingrediente

- 1 kg de carne moída
- 1 libra de salsicha de porco fresca e moída
- 1 cebola, picada
- 10 onças. queijo americano processado, em cubos
- 32 onças. coquetel de pão de centeio

instruções

a) Defina seu forno para 350 graus F antes de fazer qualquer outra coisa.
b) Aqueça uma frigideira grande e cozinhe a linguiça e a carne até dourar completamente.
c) Adicione a cebola e cozinhe até ficar macia e escorra o excesso de gordura da frigideira.
d) Misture o queijo processado e cozinhe até o queijo derreter.
e) Em uma assadeira, coloque as fatias de pão e cubra cada fatia com uma colher cheia da mistura de carne.
f) Cozinhe tudo no forno por cerca de 12-15 minutos.

80. Pizza estilo Pensilvânia

Ingrediente

- 1 (1 lb) massa de pão de trigo integral congelada, descongelada
- 1/2 C. mil molho de ilha
- 2 C. queijo suíço ralado
- 6 onças. carne enlatada fatiada deli, cortada em tiras
- 1 C. chucrute - lavado e escorrido
- 1/2 colheres de chá de semente de alcaravia
- 1/4 C. picles de endro picado (opcional)

instruções

a) Defina o forno a 375 graus F antes de fazer qualquer outra coisa e unte uma forma de pizza.
b) Em uma superfície levemente enfarinhada, enrole a massa de pão em um grande círculo de cerca de 14 polegadas de diâmetro.
c) Coloque a massa na forma de pizza preparada e aperte as bordas.
d) Cozinhe tudo no forno por cerca de 20-25 minutos.
e) Retire tudo do forno e cubra com metade do molho de salada uniformemente, seguido por metade do

queijo suíço, carne enlatada, molho de salada restante, chucrute e queijo suíço restante.

f) Cubra com as sementes de alcaravia uniformemente.
g) Cozinhe tudo no forno por cerca de 10 minutos.
h) Retire tudo do forno e cubra com o picles picado.

81. Pizza de leitelho

Ingrediente

- 1 kg de carne moída
- 1/4 libra de salsicha de pepperoni fatiada
- 1 lata de molho de pizza
- 2 (12 onças) pacotes de massa de biscoito de leitelho refrigerado
- 1/2 cebola cortada em rodelas e separada em anéis
- 1 (10 onças) lata de azeitonas pretas fatiadas
- 1 lata (4,5 onças) de cogumelos fatiados
- 1 1/2 C. queijo mussarela ralado
- 1 xícara de queijo cheddar ralado

instruções

a) Defina o forno a 400 graus F antes de fazer qualquer outra coisa e unte uma assadeira de 13x9 polegadas.
b) Aqueça uma frigideira grande em fogo médio-alto e cozinhe a carne até dourar completamente.
c) Adicione o pepperoni e cozinhe até dourar e escorra o excesso de gordura da frigideira.
d) Junte o molho de pizza e retire tudo do fogo.

e) Corte cada biscoito em quatro e coloque na assadeira preparada.
f) Coloque a mistura de carne sobre os biscoitos uniformemente e cubra-os com a cebola, as azeitonas e os cogumelos.
g) Cozinhe tudo no forno por cerca de 20-25 minutos.

82.   Pizza Worcestershire

Ingrediente

- 1/2 libra de carne moída magra
- 1/2 xícara de calabresa em cubos
- 1 1/4 C. molho de pizza
- 1 xícara de queijo feta esfarelado
- 1/2 colher de chá de molho inglês
- 1/2 colheres de chá de molho de pimenta
- sal e pimenta preta moída a gosto
- spray para cozinhar
- 1 lata de massa de biscoito refrigerada
- 1 gema de ovo
- 1 xícara de queijo mussarela ralado

instruções

a) Defina o forno a 375 graus F antes de fazer qualquer outra coisa e unte uma assadeira.
b) Aqueça uma frigideira grande em fogo médio-alto e cozinhe a carne até dourar completamente.
c) Escorra o excesso de gordura da frigideira e reduza o fogo para médio.
d) Misture o molho de pizza, pepperoni, queijo feta, molho de pimenta, molho inglês, sal e pimenta e frite por cerca de 1 minuto.

e) Separe os biscoitos e disponha na assadeira preparada com cerca de 3 polegadas de distância.
f) Com o fundo de um copo, pressione cada biscoito para formar um biscoito redondo de 4 polegadas com borda de 1,2 cm ao redor da borda externa.
g) Em uma tigela pequena, adicione a gema de ovo e 1/4 colheres de chá de água e bata bem.
h) Coloque cerca de 1/4 C. da mistura de carne em cada copo de biscoito e cubra com o queijo mussarela.
i) Cozinhe tudo no forno por cerca de 15-20 minutos.

83. Pizza de carne de churrasco

Ingrediente

- 1 (12 onças) pacote de salsicha de carne, cortada em fatias de 1/4 de polegada.
- 2 (14 onças) pacotes de massa de pizza italiana de 12 polegadas
- 2/3 C. molho barbecue preparado
- 1 C. cebola roxa em fatias finas
- 1 pimentão verde, sem sementes, cortado em tiras finas
- 2 C. queijo mussarela ralado

instruções

a) Defina seu forno para 425 graus F antes de fazer qualquer outra coisa.

b) Disponha as crostas de pizza em 2 assadeiras.

c) Espalhe uniformemente o molho barbecue em cada crosta, seguido da linguiça, cebola roxa, pimenta e queijo mussarela.

d) Cozinhe tudo no forno por cerca de 20 minutos.

84.   Pizza Rigatoni

Ingrediente

- 1 1/2 libra de carne moída
- 1 (8 onças) pacote de macarrão rigatoni
- 1 pacote de queijo mussarela ralado
- 1 lata de creme condensado de sopa de tomate
- 2 (14 onças) potes de molho de pizza
- 1 (8 onças) pacote de salsicha de pepperoni fatiada

instruções

a) Em uma panela grande com água fervente levemente salgada, cozinhe o macarrão por cerca de 8-10 minutos.
b) Escorra bem e reserve.
c) Enquanto isso, aqueça uma frigideira grande em fogo médio-alto e cozinhe a carne até dourar completamente.
d) Escorra o excesso de gordura da frigideira.
e) Em um fogão lento coloque a carne, seguida do macarrão, queijo, sopa, molho e linguiça calabresa.
f) Defina o fogão lento em Low e cozinhe, coberto por cerca de 4 horas.

85. Pizza estilo mexicano

Ingrediente

- 1 kg de carne moída
- 1 cebola, picada
- 2 tomates médios, picados
- 1/2 colher de chá de sal e 1/4 colher de chá de pimenta
- 2 colheres de chá de pimenta em pó e 1 colher de sopa de cominho moído
- 1 lata (30 onças) de feijão frito
- 14 (12 polegadas) tortilhas de farinha
- 2 C. creme de leite
- 1 1/4 lb. de queijo Colby ralado
- 1 1/2 libra de queijo Monterey Jack ralado
- 2 pimentões vermelhos, sem sementes e cortados em fatias finas
- 4 pimentões verdes, sem sementes e cortados em fatias finas
- 1 lata de pimentão verde em cubos, escorrido e 3 tomates picados
- 1 1/2 C. carne de frango cozida desfiada
- 1/4 C. manteiga, derretida
- 1 (16 onças) de molho picante

instruções

a) Defina o forno a 350 graus F antes de fazer qualquer outra coisa e unte uma forma de gelatina de 15 x 10 polegadas.
b) Aqueça uma frigideira grande em fogo médio e frite a carne até dourar completamente.
c) Escorra o excesso de gordura da frigideira.
d) Adicione a cebola e 2 tomates e cozinhe até ficar macio.
e) Misture o feijão frito, pimenta em pó, cominho, sal e pimenta e cozinhe até aquecer completamente.
f) Arrume 6 das tortilhas na assadeira preparada com as bordas passando bem pelas laterais da panela.
g) Espalhe a mistura de feijão sobre as tortilhas uniformemente, seguido de metade do creme de leite, 1/3 do queijo Colby, 1/3 do queijo Monterey Jack, 1 colher de sopa de pimenta verde, 1/3 das tiras de pimentão verde, e 1/3 das tiras de pimentão vermelho e 1/3 do tomate picado.
h) Coloque 4 tortilhas sobre as coberturas e cubra com o creme de leite restante, seguido pelo frango desfiado, 1/3 de ambos os queijos, pimentão vermelho e verde, pimenta e tomate.

i) Agora, coloque 4 tortilhas, seguidas pelo restante dos queijos, pimentões, tomates, pimentas e finalizando com um pouco do queijo ralado por cima.
j) Dobre as bordas salientes para dentro e prenda com os palitos de dente.
k) Pincele as superfícies da tortilha com a manteiga derretida.
l) Cozinhe tudo no forno por cerca de 35-45 minutos.
m) Retire os palitos e reserve por pelo menos 5 minutos antes de cortar.
n) Sirva com uma cobertura do molho picante.

86. Pizza mediterrânea

Ingrediente

- 2 tomates sem sementes e picados grosseiramente
- 1 colher de chá de sal
- 8 onças. queijo mussarela ralado
- 1 cebola roxa, picada grosseiramente
- 1/4 C. manjericão fresco picado
- 1/2 colheres de chá de pimenta preta moída
- 2 colheres de azeite
- 3 pimentas jalapeño frescas, picadas
- 1/2 C. azeitonas pretas fatiadas
- 1/2 xícara de cogumelos frescos fatiados
- 1/2 C. molho de pizza
- 2 (12 polegadas) crostas de pizza pré-assadas
- 8 onças. queijo mussarela ralado
- 1/4 C. queijo parmesão ralado

instruções

a) Defina o seu forno para 450 graus F.
b) Em uma peneira, adicione os tomates e polvilhe com o sal uniformemente.
c) Mantenha tudo na pia por cerca de 15 minutos para escorrer.

d) Em uma tigela grande, misture os 8 oz. da mussarela, tomates escorridos, cogumelos, azeitonas, cebola, pimenta jalapeño, manjericão e azeite.
e) Coloque o molho de tomate sobre as duas crostas uniformemente e cubra com a mistura de tomate, seguido pelo restante da mussarela e queijo parmesão.
f) Cozinhe tudo no forno por cerca de 8-10 minutos.

87. Todas as pizzas de pimentão e cebola

Ingrediente

- 8 onças. salsicha de porco moída
- 5 ovos levemente batidos
- 1 (12 polegadas) massa de pizza preparada
- 1 xícara de ricota
- 1/4 C. cebola roxa picada
- 1/4 C. tomate fresco picado
- 1/4 C. pimentão vermelho picado
- 1/4 C. pimentão verde picado
- 8 onças. queijo mussarela ralado

instruções

a) Defina seu forno para 375 graus F antes de fazer qualquer outra coisa.
b) Aqueça uma frigideira grande em fogo médio-alto e cozinhe a linguiça até dourar completamente.
c) Escorra o excesso de gordura da frigideira e adicione os ovos, depois cozinhe até que os ovos estejam completamente firmes.
d) Arrume a massa de pizza em uma forma de pizza e cubra com o queijo ricota, deixando as bordas externas.
e) Coloque a mistura de linguiça sobre o queijo ricota, seguido da cebola, tomate,

pimentão vermelho e pimentão verde e mussarela.
f) Cozinhe tudo no forno por cerca de 15 minutos.

88. AMO pizza

Ingrediente

- 3 C. farinha de pão
- 1 (0,25 onças) envelope de fermento seco ativo
- 1 1/4 C. água morna
- 3 colheres de sopa de azeite extra virgem, dividido
- 3 colheres de sopa de alecrim fresco picado
- 1 lata de molho de pizza
- 3 C. queijo mussarela ralado
- 2 tomates maduros, fatiados
- 1 abobrinha, fatiada
- 15 fatias de calabresa vegetariana
- 1 lata de azeitonas pretas fatiadas

instruções

a) Em uma máquina de pão, adicione a farinha, o fermento, a água e 2 colheres de sopa de azeite na ordem recomendada pelo fabricante.
b) Selecione a configuração Massa e pressione Iniciar.
c) Quando o ciclo estiver concluído, amasse o alecrim na massa.
d) Defina o seu forno para 400 graus F.

e) Divida a massa em três porções de tamanhos iguais.
f) Molde cada porção de massa em forma de coração com cerca de 1,2 cm de espessura e cubra cada porção com o azeite restante.
g) Espalhe uma camada fina de molho de pizza sobre cada pizza uniformemente e cubra com o queijo, seguido pelos tomates, abobrinha, calabresa e azeitonas.
h) Cozinhe tudo no forno por cerca de 15-20 minutos.

89. Pizza de Tofu de Batata

Ingrediente

- 4 batatas, raladas
- 1 cebola média, ralada
- 2 ovos, batidos
- 1/4 C. farinha de trigo
- 2 colheres de azeite
- 1 abobrinha, em fatias finas
- 1 abobrinha amarela, cortada em fatias finas
- 1 pimentão verde, picado
- 1 cebola, em fatias finas
- 2 dentes de alho, picados
- 6 onças. tofu firme, desintegrado
- 2 tomates, fatiados
- 2 colheres de sopa de manjericão fresco picado
- 1/2 C. molho de tomate
- 1 C. queijo mussarela sem gordura ralado

instruções

a) Defina o forno para 425 graus F antes de fazer qualquer outra coisa e unte uma assadeira de 12 polegadas.
b) Em uma tigela grande, misture a cebola ralada, as batatas, a farinha e o ovo e

coloque a mistura na assadeira preparada pressionando suavemente.
c) Cozinhe tudo no forno por cerca de 15 minutos.
d) Cubra a parte superior da crosta de batata com o óleo e cozinhe tudo no forno por cerca de 10 minutos.
e) Agora, coloque a crosta sob o frango e cozinhe por cerca de 3 minutos.
f) Retire a crosta do forno.
g) Novamente ajuste o forno para 425 graus F antes de continuar.
h) Em uma tigela grande, misture o tofu, o pimentão verde, a abóbora amarela, a abobrinha, a cebola fatiada e o alho.
i) Aqueça uma frigideira grande antiaderente e refogue a mistura de tofu até os legumes ficarem macios.
j) Em uma tigela pequena, misture o manjericão e o molho de tomate.
k) Coloque metade do molho de tomate sobre a crosta uniformemente e cubra com os legumes cozidos e as fatias de tomate.
l) Espalhe o molho restante por cima uniformemente e polvilhe com o queijo.
m) Cozinhe tudo no forno por cerca de 7 minutos.

90.   Pizza Grega

Ingrediente

- 1 colheres de sopa de azeite
- 1/2 C. cebola em cubos
- 2 dentes de alho, picados
- 1/2 pacote de espinafre picado congelado, descongelado e espremido
- 1/4 C. manjericão fresco picado
- 2 1/4 colheres de chá de suco de limão
- 1 1/2 colheres de chá de orégano seco
- pimenta preta moída a gosto
- 1 pacote de massa de pizza refrigerada
- 1 colheres de sopa de azeite
- 1 xícara de queijo mussarela ralado
- 1 tomate grande, em fatias finas
- 1/3 C. migalhas de pão temperadas
- 1 xícara de queijo mussarela ralado
- 3/4 C. queijo feta esfarelado

instruções

a) Defina o forno para 400 graus F antes de fazer qualquer outra coisa.
b) Em uma frigideira grande, aqueça 1 colher de sopa de azeite e refogue a cebola e o alho por cerca de 5 minutos.
c) Adicione o espinafre e cozinhe por cerca de 5-7 minutos.

d) Retire tudo do fogo e, imediatamente, misture o orégano, o manjericão, o suco de limão e a pimenta e reserve para esfriar um pouco.
e) Desenrole a massa de pizza em uma assadeira grande e cubra tudo com as 1 colheres de sopa restantes de azeite.
f) Coloque a mistura de espinafre sobre a massa, deixando uma pequena borda nas bordas.
g) Coloque o 1 C. de queijo mussarela sobre o espinafre.
h) Em uma tigela, misture a farinha de rosca e as fatias de tomate até cobrir completamente.
i) Coloque as fatias de tomate sobre o queijo mussarela, seguido pelos restantes 1 C. de queijo mussarela e queijo feta.
j) Cozinhe tudo no forno por cerca de 15 minutos.

91. Salada de pizza

Ingrediente

crosta

- 1 3/4 C. farinha de trigo
- 1 envelope de fermento para massa de pizza
- 1 1/2 colheres de chá de açúcar
- 3/4 colheres de chá de sal
- 2/3 C. água muito quente
- 3 colheres de sopa de azeite extra virgem

Coberturas

- 1 colher de sopa de azeite extra virgem
- 1/4 colheres de chá de alho em pó
- 2 C. queijo mussarela ralado
- 1/4 C. cebola picada
- 1/4 C. cenouras picadas ou em fatias finas
- 4 C. alface romana picada
- 1 C. tomates frescos picados
- 1/4 C. molho de salada italiano preparado
- 1/4 C. queijo parmesão ralado

instruções

a) Defina seu forno para 425 graus F antes de fazer qualquer outra coisa e organize o rack no terço inferior do forno.
b) Unte uma forma de pizza.
c) Para a crosta em uma tigela grande, adicione a farinha, açúcar, fermento, óleo e água morna e misture até ficar bem combinado.
d) Lentamente, adicione a farinha restante e misture até formar uma massa ligeiramente pegajosa.
e) Coloque a massa em uma superfície enfarinhada e sove até a massa ficar elástica
f) Coloque a massa na forma de pizza preparada e pressione-a.
g) Com os dedos, aperte as bordas para formar a borda.
h) Cubra a crosta com 1 colher de sopa de azeite e polvilhe com alho em pó.
i) Em uma tigela, misture a cenoura, a cebola e o queijo mussarela.
j) Cubra a crosta com a mistura de cenoura uniformemente e cozinhe tudo no forno por cerca de 15-18 minutos.
k) Enquanto isso, em uma tigela, misture o restante.
l) Retire tudo do forno e deixe esfriar por cerca de 2-3 minutos.

m) Cubra a pizza com a mistura de queijo parmesão e sirva imediatamente.

92.　　　Pizza de sobremesa

Ingrediente

- 1 1/2 C. farinha de trigo
- 2 colheres de chá de bicarbonato de sódio
- 1 colher de chá de sal
- 2 1/3 C. de aveia em flocos
- 1 C. manteiga
- 1 1/2 C. de açúcar mascavo embalado
- 2 ovos
- 1/2 colheres de chá de extrato de baunilha
- 1 1/2 C. coco ralado
- 2 C. gotas de chocolate meio amargo
- 1/2 C. nozes picadas
- 1 C. pedaços de chocolate revestidos de doces
- 1 xícara de amendoim

instruções

a) Defina o forno a 350 graus F antes de fazer qualquer outra coisa e unte 2 (10 polegadas) assadeiras de pizza.
b) Em uma tigela grande, misture a farinha, o bicarbonato de sódio e o sal.

c) Em outra tigela, adicione a manteiga, os ovos, o açúcar mascavo e a baunilha e bata até ficar homogêneo.
d) Adicione a mistura de farinha na mistura de manteiga e misture tudo até que esteja tudo bem combinado.
e) Dobre as nozes e 1/2 C. do coco.
f) Divida a massa em 2 porções e coloque cada porção na forma de pizza preparada, pressionando tudo em círculos de 10 polegadas.
g) Cozinhe tudo no forno por cerca de 10 minutos.
h) Retire tudo do forno e cubra tudo com o restante coco, gotas de chocolate, balas e amendoim.
i) Cozinhe tudo no forno por cerca de 5-10 minutos.

93.   Minipizzas de piquenique

Ingrediente

- 1/2 kg de salsicha italiana moída
- 1/2 colheres de chá de sal de alho
- 1/4 colheres de chá de orégano seco
- 1 C. abacaxi esmagado, escorrido
- 4 muffins ingleses, divididos
- 1 (6 onças) lata de pasta de tomate
- 1 pacote de queijo mussarela ralado

instruções

a) Defina o forno a 350 graus F antes de fazer qualquer outra coisa e levemente, unte uma assadeira.
b) Aqueça uma frigideira grande em fogo médio-alto e cozinhe a linguiça italiana até dourar completamente.
c) Escorra o excesso de gordura e transfira a linguiça para uma tigela.
d) Adicione o abacaxi, alho, orégano e sal e misture bem.
e) Coloque as metades do muffin inglês na assadeira preparada em uma única camada.
f) Espalhe o molho de tomate sobre as metades do muffin e cubra com a mistura de salsicha e queijo mussarela.

g) Cozinhe tudo no forno por cerca de 10-15 minutos.

94. Pizza de nozes tropicais

Ingrediente

- 1 massa de pizza pronta
- 1 colheres de sopa de azeite
- 1 (13,5 onças) recipiente de cream cheese com sabor de frutas
- 1 (26 onças) fatias de manga de pote, escorridas e picadas
- 1/2 C. nozes picadas

instruções

a) Cozinhe a massa de pizza no forno de acordo com a embalagem.
b) Cubra a crosta com o óleo uniformemente.
c) Espalhe o cream cheese sobre a massa e cubra com a manga picada e as nozes.
d) Corte na fatia desejada e sirva.

95. Pizza de frango com morango

Ingrediente

- 2 metades de peito de frango sem pele e sem osso, cortadas em pedaços pequenos
- 1 colheres de sopa de óleo vegetal
- 1 (12 polegadas) massa de pizza preparada
- 1 1/2 C. molho de cranberry
- 6 onças. Queijo Brie, picado
- 8 onças. queijo mussarela ralado

instruções

a) Defina o seu forno para 350 graus F
b) Em uma frigideira, aqueça o óleo e frite o frango até ficar completamente cozido.
c) Espalhe o molho de cranberry sobre a massa de pizza preparada e cubra com o frango, seguido do brie e da mussarela.
d) Cozinhe tudo no forno por cerca de 20 minutos.

96.   Pizza doce e salgada

Ingrediente

- 1 C. água morna
- 1 (0,25 onças) envelope de fermento seco ativo
- 3 C. farinha de trigo
- 1 colheres de chá de óleo vegetal
- 1 colher de chá de sal
- 8 figos secos
- 1 cebola roxa média, em fatias finas
- 1 colheres de sopa de azeite
- 1 pitada de sal
- 1 colheres de chá de tomilho seco
- 1 colher de chá de sementes de erva-doce
- 4 onças. queijo de cabra
- 1 colher de sopa de azeite, ou conforme necessário

instruções

a) Em uma tigela grande, adicione a água e polvilhe o fermento por cima.
b) Mantenha tudo de lado por alguns minutos ou até que esteja completamente dissolvido.
c) Adicione a farinha, o sal e o óleo e misture até formar uma massa firme.

d) Coloque a massa em uma superfície enfarinhada e sove por cerca de 5 minutos.
e) Transfira a massa para uma tigela untada e cubra com uma toalha de cozinha.
f) Deixe tudo de lado por cerca de 45 minutos.
g) Em uma tigela com água fervente, adicione os figos e reserve por cerca de 10 minutos.
h) Escorra os figos e depois pique-os.
i) Enquanto isso, em uma frigideira, aqueça 1 colher de sopa de azeite em fogo médio e refogue a cebola até ficar macia.
j) Reduza o fogo para baixo e tempere com o sal.
k) Frite por cerca de 5-10 minutos a mais.
l) Junte os figos, o tomilho e as sementes de funcho e retire tudo do lume.
m) Defina o forno a 450 graus F e unte levemente uma forma de pizza.
n) Perfure a massa de pizza e espalhe em um círculo de 1/4 de polegada de espessura.
o) Coloque a massa na forma de pizza preparada e pincele a superfície levemente com o azeite restante.

p) Espalhe a mistura de figos sobre a crosta uniformemente e cubra tudo com o queijo de cabra em forma de bolinhas.
q) Cozinhe tudo no forno por cerca de 15-18 minutos.

97. Pizza outonal de Dijon

Ingrediente

- 1 massa de pizza pré-assada
- 2 dentes de alho, picados
- 1 colher de sopa de mostarda Dijon
- 2 ramos de alecrim fresco, picado
- 1/4 C. vinagre de vinho branco
- 1/2 C. azeite
- 1/4 C. queijo azul esfarelado
- Sal e pimenta a gosto
- 1/4 C. queijo azul esfarelado
- 1/3 C. queijo mussarela ralado
- 2 peras - descascadas, sem caroço e fatiadas
- 1/4 C. pedaços de nozes torradas

instruções

a) Defina seu forno para 425 graus F antes de fazer qualquer outra coisa
b) Em uma forma de pizza, coloque a massa de pizza.
c) Cozinhe tudo no forno por cerca de 5 minutos.
d) Retire tudo do forno e reserve para esfriar completamente.
e) Em um processador de alimentos, adicione o alho, a mostarda Dijon e o alecrim e o vinagre e pulse até combinar.

f) Enquanto o motor está funcionando, lentamente, adicione o óleo e pulse até ficar homogêneo.
g) Adicione cerca de 1/4 C. do queijo azul, sal e pimenta e pulse até combinar.
h) Espalhe o vinagrete sobre a massa de pizza uniformemente e polvilhe com o queijo azul restante e depois com o queijo mussarela.
i) Cubra tudo com as fatias de pêra e depois as nozes tostadas.
j) Cozinhe tudo no forno por cerca de 7-10 minutos.

98. Pizza amanteigada de gorgonzola

Ingrediente

- 1/8 C. manteiga
- 2 cebolas Vidalia grandes, em fatias finas
- 2 colheres de açúcar
- 1 pacote de massa de pizza refrigerada
- 1 libra de queijo gorgonzola, desintegrado

instruções

a) Em uma frigideira grande, derreta a manteiga em fogo médio e refogue a cebola por cerca de 25 minutos.
b) Misture o açúcar e cozinhe, mexendo continuamente por cerca de 1-2 minutos.
c) Defina o forno a 425 graus F e unte uma forma de pizza.
d) Coloque a massa na forma de pizza preparada e pressione-a na espessura desejada.
e) Coloque as cebolas sobre a crosta uniformemente, seguidas do Gorgonzola.
f) Cozinhe tudo no forno por cerca de 10-12 minutos.

99. Pizza de Uva Rúcula

Ingrediente

- 16 oz. massa de pizza pré-fabricada
- 1/2 C. Molho de Macarrão
- 1/2 C. mussarela de leite integral ralado
- 1/2 xícara de queijo provolone ralado
- 1/4 C. queijo de cabra, desintegrado
- 1/4 C. pinhões
- 10 uvas vermelhas, cortadas ao meio
- 1/4 C. rúcula, finamente picada
- 1 colher de sopa de folhas secas de alecrim
- 1 colher de sopa de orégano seco
- 1/2 colheres de chá de coentro seco

instruções

a) Defina o forno a 475 graus F antes de fazer qualquer outra coisa e unte uma assadeira.
b) Disponha a bola de massa de pizza na assadeira preparada e alise o centro da massa finamente.
c) A crosta deve ter 12-14 polegadas de diâmetro.
d) Em uma tigela, misture o molho de macarrão, rúcula, coentro e orégano.

e) Espalhe a mistura do molho sobre a massa uniformemente.
f) Coloque os queijos mussarela e provolone sobre o molho uniformemente.
g) Cubra tudo com as uvas, seguido do alecrim, queijo de cabra e pinhões.
h) Cozinhe tudo no forno por cerca de 11-14 minutos.

100. Pizza estilo francês

Ingrediente

- 1 massa de pizza fina
- 2 C. uvas vermelhas, cortadas ao meio
- 1/2 libra de salsicha italiana, dourada e desintegrada
- 6 onças. queijo de cabra fresco
- azeite extra virgem
- sal e pimenta

instruções

a) Defina seu forno para 450 graus F antes de fazer qualquer outra coisa.
b) Disponha a massa de pizza em uma forma de pizza.
c) Pincele a crosta com o azeite e polvilhe com sal e pimenta preta.
d) Coloque a salsicha sobre a massa da pizza, seguida das uvas e do queijo de cabra.
e) Cozinhe tudo no forno por cerca de 13-15 minutos.

CONCLUSÃO

Embora seja um dos alimentos mais simples e populares do mundo, a pizza é estranhamente difícil de definir. Séculos de evolução o transformaram dos rissóis feitos de grãos triturados, que foram seus primeiros antecedentes, em um prato que, embora relacionado àqueles bolos de grãos primitivos, é quase irreconhecível como seu descendente. O mais significativo é a mudança no ingrediente principal, de vários grãos grossos para uma massa exclusivamente à base de trigo e, eventualmente, para um prato feito quase exclusivamente com farinha branca.

No entanto, embora a pizza tenha assumido muitas formas, e sua composição, coberturas, temperos, métodos de preparação e os equipamentos usados para fazê-la mudaram radicalmente ao longo dos anos, geralmente era um pão achatado assado em altas temperaturas.

www.ingramcontent.com/pod-product-compliance
Lightning Source LLC
Chambersburg PA
CBHW071803080526
44589CB00012B/668